静安"教育拔尖人才项目"人选教育研究系列丛书

教而让学引发真实学习

——一位高中思政课教师的教学追求

郑 涛 著

上海教育出版社
SHANGHAI EDUCATIONAL
PUBLISHING HOUSE

丛书编委会主任：胥燕红　陈宇卿

总　序

为实现更高品质的教育国际化和更高水平的教育现代化,建立教育高端人才培养梯队,确保静安区普教系统名校长名师队伍的可持续发展,上海市静安区教育局自2009年起实施"教育拔尖人才项目"培养工程,致力于教育高端人才的培养。

"教育拔尖人才项目"培养工程有着清晰的目标,即通过项目的实施,培养出一批专家型、学者型的校长(书记)和教师,促其成长为教育管理、教育教学领域的领军人才,成长为上海市的知名校长(书记)和教师。

教育高端人才的成长有着自身的规律,区教育局依据"因材施教"和"做中学"的理念,遵循个性化、自主性和实践性的培养原则,尝试了区域高端教育人才培养工作的创新实验。

"教育拔尖人才项目"培养人选,根据自身特点和潜能,自行确定发展目标,自主选择最佳发展路径,真正做到学习进修成才途径的个别化、多样性,自主灵活,不拘一格,这是我区"教育拔尖人才项目"培养工程创新实验的主要特点。

"教育拔尖人才项目"培养人选,自行选择发展的路径有:自行选择市内教育名家带教培养,选择硕士、博士学历、学位进修,区内外轮岗锻炼,主持区、市级科研课题研究,出版个人学术专著,等等。

我们教育行政部门需要做的是:积极拓宽学习进修渠道,尽心搭建高层次锻造磨炼平台,充分创造条件来满足培养人选的发展需求。

在区教育局"积极引导、尽心服务,自主学习、主动发展"的工作思路指引下,部分入选的校长、书记和教师选择以出版个人学术专著作为自己学习进修成才的主要途径。

在学术专著的撰写过程中,作者们刻苦学习钻研当前教育改革的新理论,努力夯实自己的专业基础;他们紧密联系教改实践,聚焦教育热点,积极地对教育的改革和发展提出新问题、新观点、新方法,并力图揭示新规律或总结新经验。

每位静安"教育拔尖人才项目"培养人选在撰写和不断完善个人学术专著的过程中,经受了淬炼,并取得了难能可贵的进步;他们在专著中体现了广博深厚的教育理论功底和精湛的教育教学艺术特色。我们衷心希望,他们能以此为发端,坚持不懈地探索与实践,继续前行;同时也希望这些专著中对教育改革的探索和实践、取得的经验和成果,能为本区乃至全市、全国的基础教育改革提供一些参考和借鉴,并经受住实践的检验。

在此,对在我区"教育拔尖人才项目"培养人选个人学术专著的选题、撰写、完善过程中给予指导、帮助的各位带教导师,在项目实施过程中参与专著评估、研讨的各位评委专家,以及对作者成书给予各种支持的同行们,表示衷心的感谢!

上海市静安区教育局

2021 年 6 月

自　序

思政课是立德树人的关键课程,办好思政课关键在教师。提高教学有效性是办好思政课的内在要求,也是值得包括一线思政课教师和学科教研员在内的所有思政课教学工作者思考的紧迫问题。我在一线从事思政课教学 15 年,经历了公办普通完中、民办完中、市实验性示范性高中的教学,之后成为区学科教研员。于我而言,无论是作为一线教师还是作为学科教研员,提高思政课教学的有效性,是我始终关注与不懈追求的重要目标。

我们知道,包括思政课在内的任何一节课,衡量其有效性的一个重要标准便是通过这节课的学习后,学生产生了一定的积极变化。我以为,要想取得这样的积极变化,一个关键要素是学生的学习行为要真实发生。这也是本书的主旨:阐述个人对思政课教而让学引发真实学习的一些粗浅思考。

所谓"真实学习",就是指一种能够真正使个体发生持续变化以涵育个人素养的行为方式。一个真实学习的课堂不应该是教给学生现成的结论,而应该是使学生在知识学习的过程中成为经历者、探寻者和创造者,在不断探寻意义的过程中获得自身发展。"引发真实学习"就是指引起一种能够使个体发生持续变化以涵育个人素养的行为方式。

全书由七章组成。第一章从教而让学引发真实学习探究:价值意蕴与技术路径视角,聚焦教而让学引发真实学习的缘起与必要性,并从教而让学引发真实学习相关概念内涵阐释、理论探源视角,简述教而让学引发

教而让学引发真实学习
——一位高中思政课教师的教学追求

真实学习的基本路径。第二章从基于认知起点的教学：需求、观念转变与实施路径视角，阐述教而让学引起真实学习的发生。第三章从创设教学情境：提供教而让学引发真实学习场域视角，阐述教而让学引起真实学习的发生。第四章从任务驱动与主动建构引发真实学习视角，阐述教而让学引起真实学习的发生。第五章从以问题驱动引发真实学习：学习的发生从提问开始视角，阐述教而让学引起真实学习的发生。第六章从深度学习：促思维进阶实现教而让学引发真实学习视角，阐述教而让学引起真实学习的发生。第七章从以评促学视角，阐述教而让学引起真实学习的发生。

考虑到本书的主要阅读对象是一线思政课教师，我在阐述中尽量兼顾学术性与实践性。缺少教学案例的理论诠释可能会导致教学理念难以落地，而单纯的教学实践探索亦有可能因学理不足而沦为纯粹的技术操作，缺乏一定的理论支撑。助力高中思想政治课教学富有成效，助力学生的学习富有成效，这是撰写本书的目的所在。我真诚地希望通过本书，把个人关于教而让学引发真实学习的一点思考奉献给同仁们。如果能有一点参考价值，如果能为思政课作为立德树人关键课程作用的充分发挥作出一点贡献，我将视之为撰写本书的一个重要收获。

我有幸成为第三期区"教育拔尖人才项目"培养人选，项目为入选教师的自我教育创造了良好的条件，亦为写成本书提供了鞭策与激励契机。上海市静安区教育局、上海市静安区教育学院在本书成书过程中给予了深切的关怀，在此致以深深的谢意！

由于个人水平有限，书中难免存在不足，欢迎批评指正。

郑　涛

2023 年 4 月 15 日

目　录

第一章 教而让学引发真实学习探究：价值意蕴与技术路径

《普通高中思想政治课程标准(2017年版2020年修订)》提出，我国普通高中的培养目标是进一步提升学生综合素质，着力发展核心素养，使学生具有理想信念和社会责任感，具有科学文化素养和终身学习能力，具有自主发展能力和沟通合作能力。高中思政课是落实立德树人根本任务的关键课程，其作用不可替代，思政课教师责任重大。有效教学是一个值得追求的、永恒的教学主题。教学有效性越强，思政课落实立德树人根本任务无疑就会完成得越好。教学有效性必须通过学生的有效学习得以落实与体现。

然而，不管是线下教学还是线上教学，不管是思政学科还是其他学科，并不是所有教学行为都能引发真实学习。不少时候，导致课堂教学低效的一个重要原因是，学生的学习行为并未真实发生，即能引起持续变化的真实学习并未发生。因此，在这个意义上，引发真实学习是教学的一个基本价值追求。

第一节 教而让学引发真实学习：
主题、学术史梳理与述评

一、主题聚焦：从关注教学有效性开始

古人说："敬教劝学，建国之大本；兴贤育才，为政之先务。"教育是民族振兴、社会进步的重要基石。青少年是祖国的未来、民族的希望。"蒙以养正，圣功也。"青少年教育最重要的是教给他们正确的思想，引导他们走正路。

《课程标准》[①]提出，"高中思想政治课程是落实立德树人根本任务的关键课程，以培育社会主义核心价值观为目的，是帮助学生确立正确的政治方向、提高思想政治学科核心素养、增强社会理解和参与能力的综合性、活动型学科课程"。可见，发挥思政课作为落实立德树人根本任务之关键课程的作用，思政课教师责任重大。提高教学有效性是充分发挥思政课作为落实立德树人根本任务关键课程作用的内在要求。

（一）教学低效问题依然存在

近年来，思政课教学方法不断创新，思政课教师素质稳步提升。但同时，我们也要看到，思政课建设中的一些问题亟待解决。其中，如何提高教学有效性便是思政课建设中亟须解决的一个重要问题。能否有效解决这一问题，事关能否充分发挥思政课作为立德树人关键课程的重要作用，事关思政课能否取得启智增慧、培根铸魂的理想育人效果。

虽然高中思政课堂教学的有效性在新课程改革后有了较大提升，但依旧存在一些问题，影响了思政课堂教学质量的进一步提升。由于种种

---

① 《普通高中思想政治课程标准（2017年版2020年修订）》对《普通高中思想政治课程标准（2017年版）》作了多处修订，但除了修订处之外，其余部分内容是一致的。除有特别需要作出区分的情况，本书将《普通高中思想政治课程标准（2017年版）》与《普通高中思想政治课程标准（2017年版2020年修订）》统称为《课程标准》。

原因,当前,高中思政课仍存在课堂教学低效的问题。① 当然,教学低效问题不仅存在于高中思政课堂,其他学科也有这个问题,学者和教师们都对此做了一定的思考与研究。② 如果课堂上出现"台上滔滔不绝,台下浑然不觉"的现象,这显然是我们所不愿看到的。不少时候,导致课堂教学低效的一个重要原因就在于,学生的学习行为并未真实发生,即未能引发学习者持续变化的真实学习。"学生能否成功地进入到真实学习中,将决定着此堂课中学生的学习效率。学生一旦处在真实的学习状态下,课堂的收效才是最大的,这样的课堂才能称之为真实学习课堂。"③从这个意义上而言,引发真实学习构成了教学的一个基本价值追求。

同时,当大规模线上教学走进学生学习生活,网络环境下学生真实学习的状况也应该引起人们的重视与思考。事实上,在线教学状态下学习的有效性问题已经在一定程度上引起了人们的关注并开展了一定的研究。④

（二）有效教学是一个值得追求的教学理想

尽管思政课教学内容和教学形式随着时代的要求在不断变化,但是无论哪个时代的教学,都有一个值得追求的、永恒的教学理想——有效教学。教学有效性越强,思政课落实立德树人根本任务就会完成得越好。思政课无疑需要坚持在改进中加强、在创新中提高,及时更新教学内容,变革教学形式,丰富教学手段。课堂教学则是实现教育目的的重要手段,是组织教学活动的主要途径,是教学的主阵地,是青少年学生成长的主要场所。因此,不断改善课堂教学状况,开展有效教学,从而提高课堂教学的成效就显得极为重要。有效教学的核心就是教学的效益,即怎样的教

---

① 李泽建.高中思想政治课课堂教学低效现象分析[J].科教文汇(下旬刊),2020(27).
② 王得众.中学历史课堂教学低效行为的归因及对策[J].长三角·教育,2009(11).冯旭洋.语文课堂教学的困惑与出路——源自语文教育家的启示[J].沈阳师范大学学报(社会科学版),2012(6).
③ 傅彩虹.真实学习,让学生真正成为学习的主人[J].四川教育,2019(22).
④ 我在《教育参考》2020年第6期上也发表了一文:《引发真实学习:课堂教学的基本价值追求——以"整合在线课堂教学资源"为视角》,表达了对整合在线课堂教学资源的一些粗浅看法。

育才是有效的。现代教学论指出,促进学生的学习和发展是有效教学的根本目的,也是衡量教学有效性的唯一指标。① 把促进学生的学习和发展与有效教学的目的和衡量指标联系起来,看到两者之间的紧密联系,即使是对每一节课而言也是极有见地的。衡量教学是否有效,并不是看教师有没有完成教学任务或者教师的教学是否认真,而是要看教师的教学有没有促进学生的学习和发展。不难发现,促进学生学习和发展的一个重要前提是:教学有没有给学生学习的机会或者有没有引发真实学习。如果教学没给学生学习的机会或者没有引发真实学习,那么教师即使教得再辛苦也是无效教学。

(三)提高思政课教学有效性的探索仍存有研究空间

有较多教研指向必须重视提高思政课教学的有效性问题。中学思政课新课标实施以来,困扰广大教师的最大问题莫过于课堂教学效率低下。教师普遍感到新课程教学内容多、课时紧,他们常常难以在规定的学时内完成教学计划规定的教学任务。中学思想政治课教学低效虽然有客观方面的原因,如学生个体差异,但更多的还是受主观因素的影响,这就使得教师们不得不深刻反思自身的教学行为。比如,教学目标不清晰、教学形式与教学内容脱节以及问题设计失范。② 还有研究指出,思政课教师的教学能力和心理状态也与思政课堂教学低效、无效甚至"负效"有关。③ 导致思政课教学低效的因素还有很多,比如,忽视学生的主体参与,忽视师生活动的交往互动,忽视教学的开放和生成等。也有学者指出,提高课堂教学有效性是一项需要进行多方面探索的长期工作。"改革高中政治课堂的教学模式,提高课堂教学的效率,并不是一朝一夕的事情,而是一个系统、长久的工作。教师要不断提高自己的理论水平,丰富自己的知识,在课堂教学的主阵地中,不断地探索和改进,优化课堂教学

---

① 陈厚德.基础教育新概念:有效教学[M].北京:教育科学出版社,2000:29.
② 徐永生.中学思想政治课教学低效原因分析及对策[J].学校党建与思想教育,2011(30).
③ 张玉胜,王天桥,王维江.影响思想政治理论课课堂教学有效性的因素分析[J].贵州师范学院学报,2014(7).

过程,才能切实提高课堂教学实效性。"①

通过研究,教学目标不清晰、教学形式与教学内容脱节、问题设计失范等造成教学低效的原因已经被揭示出来,这无疑是有积极意义的,对我们探究如何提高课堂教学有效性富有启发。但我们似乎不应把目光仅仅停留在这里,教学低效的背后还有更深刻的原因。我认为,造成思政课教师在教学活动中的这些问题的一个共同的重要原因是教不让学,最终导致真实学习未能发生。换言之,教师未能充分把握应该教什么、怎么教,这势必导致学生不清楚究竟应该学什么、怎么学。

比如,在简单易懂知识的教学中投入大量的时间和精力,不仅会造成学习时间和精力的浪费,教学未能引起任何有益变化,有时候甚至会产生负面的影响:教师在浪费了自己和学生宝贵的时间和精力的同时,学生失去了在课堂这一特定时空中学习的机会和权利,也会消磨学生对学科学习的兴趣等。或者,在对较难被学生理解的知识的教学中,教师单向灌输,以为讲得越多,学生越容易理解,同样会因为教未让学,未能引发真实学习,而导致教学不能引起任何有益变化,甚至产生负面的影响。发现问题的一个重要目的在于解决问题。因此,基于学理探索教而让学引发真实学习的基本路径,对于提高教学有效性殊为必要。

二、学术史梳理与述评

西方有效教学研究起始于20世纪20年代初,但有效教学作为鲜明的教学理念和教学追求的历史并不长。20世纪初至今,国外有效教学研究主要经历了三个阶段。第一阶段,有效教学的教师特征研究(20世纪20年代初至50年代末)。有效教学的早期研究集中于教师的人格、态度、品质和经验,少有研究探讨什么是好的教学。第二阶段,有效教学行为研究(20世纪60年代初至80年代末)。在瑞安斯(Ryans)等人研究的

---

① 谢辛玉.浅谈提高思政课课堂教学实效性的策略[J].中学教学参考,2009(9).

基础上,有效教学的研究重心从专门指向教师特征开始转向教师的教学行为,特别是教师在课堂上的行为表现对教学效果的影响。第三阶段,有效教学综合研究(20世纪90年代初至今)。这一阶段的研究经历了以教师的教学行为为研究对象到以学生的学习行为为研究对象的转变。教师教学行为影响学生学习行为,学生学习行为发生变化会对学习结果产生显著的影响。①

侧重教师特征和品质的研究虽然发现优秀教师的确具有将其教学导向有效的特征或品质,如有个人魅力、善良、亲切、机智、开放、热情、体谅学生、对学生有高要求、教学能力强、学科知识丰富、教学的适应性强等,但是不能回答教师的这些特征或品质怎样影响教师的行为,进而影响学生学习效果的问题。恩克纳马拉(NcNamara)把这种未关注教师特征或品质与教学效果相关联的研究称作"黑箱"(black-box)研究,即这类研究没有关注课堂中所发生的师生活动,特别是忽视了教师在课堂上的教学行为。②

在对教师教学行为与学生学习效果的相关性研究中,罗森夏恩(B. Rosenshine)和弗斯特(N. Furst)回顾了采用多种衡量教师行为的观察工具和评价量表,直接观察教师在课堂中的教学行为并探讨教师行为和学生成绩关系的五十多项研究,发现九类教学行为产生了显著的、一致性的教学效果。这九类行为是:清晰明了;充满变化性和灵活性;以教学和学习任务为中心;热爱学科、充满热情和通过教学激励学生;批评(负相关);不诚实(负相关);给予学生学习机会;运用有条理争论;多种水平的提问或讨论。③

西方有效教学研究目前已发展成为重要研究领域,它在有效教学的概念界定、特征归纳、标准设定以及策略探索等方面的理论和实践研究,可以为我国教学改革实践提供参考。但国外有效教学研究也存在着局

① 张亚星,胡咏梅.国外有效教学研究回顾及启示[J].课程·教材·教法,2014(12).
② 转引自姚利民.国外有效教学研究述评[J].外国中小学教育,2005(8).
③ 同上。

限，比如，研究视角重"教"轻"学"，有效教学研究侧重量化分析，教学行为有效性研究可能导致教学的定型化和单一化，以及缺乏对教学有效性的差别问题和无效教学实践问题的探究，为我国学者开展有效教学研究提供了启示。①

"有效教学"(effective teaching)的理念源于 20 世纪上半叶西方的教育科学化运动，特别是在受到美国实用主义哲学和行为心理学影响下的教学效能核定运动之后，这一概念频繁出现在英语教育文献中，引起了世界各国同行的关注。② 伴随着新一轮基础教育课程改革，国内关于"有效教学"的研究也日益丰富。姚利民提出，有效教学既是人们的长时期追求，也是一种全新的教学理念，探讨和明晰有效教学的含义，有助于教育研究者研究有效教学和教育实践者开展有效教学。有效教学是教师通过教学过程的有效性，成功引起、维持和促进了学生的学习，相对有效地达到了预期教学效果的教学，是符合教学规律，有效果、有效益、有效率的教学。③ 许崇文认为，有效教学的"有效"，主要是指教师在一种先进教学理念指导下经过一段时间的教学之后，使学生获得具体的进步或发展；有效教学的"教学"，是指教师引起、维持和促进学生学习的所有行为和策略。④ 余文森教授在《有效教学三大内涵及其意义》一文中指出："有效教学是一种提倡效果、效用、效率三者并重的教学观，有效果、有效用、有效率是有效教学的三个维度。有效果指的是学有所得、所获；有效用指的是学的东西是有价值的、有用的；有效率指的是学的过程和方法是科学的、简洁的、省时的。有效教学的有效果、有效用、有效率，就像长方体的长、宽、高一样，三者缺一不可，缺少任何一个维度都不能构成完整意义的有效教学。"⑤

不少学者和教师都认同，在教学活动中要充分体现教师的主导地位，

①　张亚星,胡咏梅.国外有效教学研究回顾及启示[J].课程·教材·教法,2014(12).
②　崔允漷.有效教学：理念与策略(上)[J].人民教育,2001(6).
③　姚利民.有效教学涵义初探[J].现代大学教育,2004(5).
④　许崇文."有效教学"的理念与实施策略[J].当代教育科学,2011(4).
⑤　余文森.有效教学三大内涵及其意义[J].中国教育学刊,2012(5).

充分发挥学生的主体作用。学校教育中最基本、最普遍的活动形式就是由教师的教和学生的学所构成的教学双边活动。在教学过程的诸多因素中,教师处于主导地位,是教过程中的决策者和控制者;而学生则是学习的主体,是培养目标和各种教学任务能否实现的内在因素。因此,在教学活动中,既要充分体现教师的主导地位,又要充分发挥学生的主体作用,调动学生学习的积极性和主动性,使学生在探究和求知动机驱使下参与教学活动。① 从修利提出,教师由传统的师道权威转变为学生学习活动的促进者。教师一直被认为是知识的传授者,"传道、授业、解惑"被认为是教师的天职。但现代教育心理学的研究表明,学生的学习是一个积极主动的知识建构过程,在此过程中,教师的角色应当是帮助学生构建自身认知结构、发展认知能力的协助者。②

顾明远提出,学习的主体是学生。但是,学生学习是在教师指导下进行的。引导学生在学习中思考是教师应该研究的问题。学习是一种积极而紧张的脑力活动,学习的时候获得的信息在大脑中会引起紧张繁忙的活动。启发式教学与注入式教学的区别就在于能不能启发学生的思维。这就要求我们一改过去重结果轻过程的传统,给学生留有思考的空间,让学生了解知识产生的过程,思考知识未来的发展。③ 陈军宁提出,随着新课改的不断深化,评价体系的不断调整,要求教师和学生重新定位,转换角色,把学习的主动权还给学生。这样做从表面上看仿佛降低了教师的地位和作用,实际上是对教师的教学提出了更高的要求。教师应是学生学习的平等参与者、学生研究疑难的积极引导者和促进者,给学生足够的空间,让学生成为学习的主人,让课堂成为学生放飞思维、展现才华、张扬个性的平台。④

具体到学科教学中,顾俊琪提出,"让学引思"课堂教学改革以让学习

① 周力.对发挥学生学习主体作用的思考[J].松辽学刊(社会科学版),1993(3).
② 从修利.新课程理念下中学教师行为的转变[J].新校园,2010(6).
③ 顾明远.教是为了让学生学——谈学习和智慧[J].教书育人,2005(Z1).
④ 陈军宁.让学生成为学习的主人[J].陕西教育(教学版),2014(4).

活动真正发生、让思维活动真正发生、让课堂生成真正发生、让自我评价真正发生为实践要领，通过行政推动、科研拉动、典型带动、活动驱动，切实改变课堂教学生态，致力培育学生核心素养，实现教育本质真正回归，形成区域教学监测机制。① 邱凤英提出，坚持学生立场是课堂改革中关键的基本点。基于学生立场，让学习过程真实发生，需要我们课前精准把脉，课中精彩调度，课后精心设计。教学上要充分调动学生学习的积极性和能动性，变被动学习为能动学习，我们就必须站在学生立场、学生的视角去分析教材、创设情境、开展教学活动，把课堂还给学生，让学生真正站在课中央。② 乔晖、顾俊琪提出，"让学引思"的独特之处在于强调课堂是动态的、持续不断变化的一种互动过程，而且这种互动是产生于一定情境之中的，或者是任何情境之中不同因素的互动；这种视角的教学不再是以一种单一的方式强加固定材料，而是与学生、与其他同事一起探究创造和发展。③

针对思政学科，余德祥提出，在高中政治课堂教学中，经常会出现这样一些现象：教师在课堂上教得认认真真，或者讲得疲惫不堪，可不少学生却学得三心二意，懈怠厌倦。政治课堂教学中的这种无效、低效现象在当前的高中政治教学中较为普遍。对此，作为一名政治教师，面对新一轮基础教育课程改革，必须树立有效教学的理念，掌握有效教学的策略或手段，深入反思自己以往的教学历程，研究这一现象的成因，并寻求克服这些现象的有效对策，以提高政治课堂教学的效率。④

通过对已有的研究文献进行梳理，不难发现，有效引发学生的学习已有一定的研究积累，但需要在理论探索和实践方面深入推进。根据学生学习的方式，奥苏伯尔（D. P. Ausubel）将其分为接受学习和发现学习。接受学习是指学习者把呈现给自己的现成的、已有定论的学习材料，与其已形成的认识结构联系起来，以实现对这种学习材料的掌握的学习方式。

① 顾俊琪.让学引思：区域推进课堂教学改革的新探索[J].江苏教育研究,2018(Z1).
② 邱凤英.基于学生立场，让学习过程真正发生——以人教版一下《100以内数的认识》为例[J].新课程（小学）,2019(7).
③ 乔晖,顾俊琪."让学引思"：区域富有活力的教学形态探索[J].教育发展研究,2020(18).
④ 余德祥.政治课堂教学中无效、低效现象的成因与对策[J].宁波教育学院学报,2007(5).

发现学习是指学习的主要内容未直接呈现给学习者,只呈现了有关线索或例证,学习者必须经历一个发现的过程,自己得出结论或找到问题的答案。我们有必要研究如何让学生达成自主学习,从而使教学有效;如何判断学生实现了真实学习,或者教师实施了有效教学;如何通过教而让学引发学生真实学习。因此,创新思政课教学途径和方法,适应新课改要求,提高思政课教学的有效性,值得思政课教学研究者们关注的一个新命题。

三、研究意义:丰富理论研究,推动教学改进

(一)丰富引发真实学习的理论与实践研究

引发学生真实学习,从而提高课堂教学有效性,提高课堂教学育人价值,需要加强对课堂教学效率低下成因的分析,需要就既有问题提出相应的解决措施和办法。教而让学引发学生真实学习研究直接关系到思政课教学成效的提高。课堂是教育教学的主阵地,思政课教学要收到理想的成效,离不开对有效课堂教学的深入研究。思政课有效教学是指思政课教学有效果、有效用与有效率。在思政课教学过程中,学生、教师、社会所获得的有益、积极的预期效果是有效果、有效用与有效率的有机统一。

(二)促进引发真实学习教研的深入

众所周知,具有中国特色的教研工作是保障我国基础教育质量的重要支撑。"长期以来,教研工作在推进课程改革、指导教学实践、促进教师发展、服务教育决策等方面,发挥了十分重要的作用。"①针对基础教育实践中包括教学改革中不断出现的新情况和新问题,各级教研室和教研员适时开展了相关教学研究。"这种研究不同于学者的科学研究,其鲜明特点在于研究的问题产生于教育教学实践,在教育教学实践中进行研究,研

---

① 中华人民共和国教育部.教育部关于加强和改进新时代基础教育教研工作的意见[EB/OL].(2019−11−20)[2023−06−02].http://www.moe.gov.cn/srcsite/A06/s3321/201911/t20191128_409950.html.

究的成果迅速应用于教育教学实践,具有很强的行动研究特点。"①面对大规模线上教学中存在的一定程度上未能较好引发学习者真实学习的现象,无论是学科教研员还是一线教师,共同研究如何解决这一问题显然是有价值的。

（三）推动思政课教学改进

培育学科核心素养是当今时代的发展要求。《课程标准》凝练了学科核心素养,在"课程目标"部分提出,通过思想政治课程学习,学生能够具有思想政治学科核心素养;在"教学与评价建议"部分提出,"本课程的实施,以课程标准为依据,以发展学生思想政治学科核心素养为目标,力求将学业质量转化为具体的教学要求,体现教学与评价的一致性"。② 有效培育学科核心素养需要提高思政课教学效率。激发学习动机、增强学习动力、点燃学习热情的工作从来都较为艰苦,也从来都不只是学校、教师的事。作为教师,我们几乎毫无例外地遇到了大批勤奋学习、努力上进的学生,但也时常遇见一些需要教师去督促、提醒从而帮助其真正进入学习状态的学习者。那些看起来似乎是在学习,但未能使个体发生持续变化的行为方式是一种虚假的学习,或者说真实学习行为并未发生,最终导致的是无效学习。毫无疑问,教师无效教学、学生无效学习都是教学中应当尽力避免的。"因为不论是线上还是线下,只要'让更多的学生投入学习,让每位学生经历真实的学习',尽量减少'不学习、无学习、假学习'的现象,都是教育变革的价值追求。"③

然而,长期以来,高中思政课教师对提升课堂教学有效性的研究少见涉及教而让学引发学生真实学习领域。在无法引起真实学习发生的前提下,再多教学手法的运用,再多教学情境的设置等,可能都将难以成就高效课堂。尽管到目前为止,关于提高思政课教学有效性的研究成果已经

---

① 梁威,李小红,卢立涛.新时期我国基础教育教学研究制度:作用、挑战及展望[J].课程·教材·教法,2016(2).
② 中华人民共和国教育部.普通高中思想政治课程标准(2017年版2020年修订)[S].北京:人民教育出版社,2020:41.
③ 崔允漷."在线"易,"在学"难,动机是关键[J].教育科学,2020(3).

颇为丰硕,但在教而让学引发学生真实学习方面的研究仍然很匮乏。

引发学生真实学习,需要推动教学改进,实现"教而让学"。上好思政课,关键在教师。这需要教师转变教学观念,改善教学行为。教师要做到始终能引发学生真实学习,这一教学重任需要教师提高自身专业素养。一般来说,思政课教师的专业素养主要是指他们应具备的专业精神、专业知识和专业能力。教而让学,从而引发学生真实学习的研究涉及思政课教师提升专业精神、增长专业知识和提高专业能力,因而研究这一论题对中小学思政课教师提升专业素养、推动教学改进、更好地促进思政课立德树人教育目标的实现能产生一定的积极意义。

第二节　真实学习：以教学引起学习行为的真正发生为视角

我围绕"教而让学引发真实学习"这一主题,按照"问题导向→内涵阐释→成因探析→教学建构"的方式推进该主题研究,对学习的发生、真实学习、基于认知起点的教学、创设学习情境、教学互动、以问题驱动引发真实学习、科学评价、教学研究等概念与理念进行一定的阐述和论证。

在具体的研究和实践中,笔者从"教而让学引发真实学习"这一视角加以分析和考察。

首先,在文献研究及访谈调查的基础上,对"教学有效性""教而让学""引发真实学习"的基本内涵及核心特点进行较为深刻的剖析。其次,结合调研,厘清相当长一段时间以来思政课教师相关教学行为的实际情况及存在的问题,提炼特征并分析影响因素。再次,开展行动研究,结合"教学有效性""引发真实学习""教而让学"等概念界定、基本内涵研究和教学现状分析,基于学理探索"教而让学引发真实学习"教学路径。为此,笔者循着"现象概述—机理分析—路径探索"的思路,尝试开展行动研究。具体可见下页技术路线图。

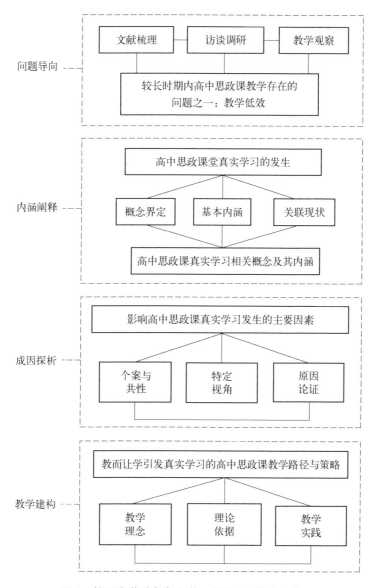

图1　教而让学引发真实学习主题研究技术路线图

一、核心概念：真实学习与教而让学

（一）真实学习

尽管要对"学习"作一个恰切的界定并不容易，但总体来说，一般认为学习是一种可以使个体得到持续积极变化（包括知识和技能的增长、正确的情感、态度与价值观的形成等）的行为方式。今天，站在教学的一个重要使命是培育学科核心素养的角度来看，我们知道，学习这一可以使个体得到持续变化的行为方式，最终导致的良好结果应该是个体形成正确价值观念、必备品格和关键能力。易言之，站在学科核心素养培育的角度来看，个体通过学习最终应拥有相应的学科核心素养，成为一个具有良好素质的现代人。

1. 真实学习

通过上述对"学习"概念的界定，我们似乎可以这样说，所谓"真实学习"就是指真正使个体发生持续变化的行为方式。"引发真实学习"就是指引起个体发生持续变化之行为的发生，具体表现为：在真实学习的课堂上，学习者围绕学习任务，对在教师引导下开展的学习具有持续的学习兴趣、积极负责的学习态度和高度的专注力，参与深度对话与合作，批判性地理解核心内容，积极建构知识关联，进行知识的迁移与运用以分析和解决问题。

在真实学习的课堂上，学习行为得以真正发生，教师的课堂教学才是有效乃至是高效的，学生的学习也才是有效乃至是高效的。这样的有效乃至高效是对于全体学生而言的，而非仅仅针对部分学生而言的。这需要教学在充分关注共性的同时，也充分关注个性化，关注每一个学生的成长与发展。

2. "真实学习"与"实境学习"的主要异同

需要指出的是，这里所说的"真实学习"与西方"真实学习理论"意义上的"真实学习"既有共同之处，亦有区别。就西方"真实学习理论"意义上的"真实学习"而言，有学者指出，研究者对于"真实学习"的界定虽有差异，但大体相近。学习科学领域著名学者多诺万（Donovan）、布兰斯福德（Bransford）和佩列格里诺（Pellegrino）将"真实学习"定义为这样一种教学方法：允许学生在涉及真实世界的、与学习者关联的问题和项目的情境脉络中进行探索、讨论和有意义地建构概念和关系。①真实学习也称为"实境学习"，相应的教学方法是一种在具体情境中允许学习者探究、讨论和有意义地建构概念和事物之间联系的教学方法。

不难看出，这里的"真实学习"强调"实境学习"，即真实情境中的学习，强调学习行为发生在一种"与现实问题和学习者兴趣相关的情境中"，而不是虚拟或想象的情境中。②这一学习理论意义上的"真实学习"可被视为"真实情境中的学习"，与我所指的"真实学习"的侧重点不同，主要区别在于：本文所讨论的"真实学习"是与"学习行为未真正发生的学习"相对的学习，是指能引起学习者（知识，技能，情感、态度和价值观等，或者说价值观念、关键能力和必备品格）产生持续积极变化的学习行为。这一学习行为的发生需要借助真实情境的创设，但并不仅仅是指在"真实情境中的学习"。

（二）教要让学的基本内涵

海德格尔在《人，诗意地安居》中谈论教育时，提出了"让学"这一教育思想。"教比学难得多。……为什么教难于学？这并不是因为做教师必须腹笥宏富，常备不懈。教难于学，乃因教所要求的是：让学。"③这里的"让学"观点"道出了教者与学习者的本真关系：教师不是传输有用的信息，而是帮助学生学会学习，成为他自己"。④

海德格尔最早提出"让学"的概念即"让学生学"。在他看来，课堂主体的有序让渡，将促使学生实现从"学会内容"到"学会学习"的嬗变，并

① 转引自郑太年.真实学习：意义、特征、挑战与设计[J].远程教育杂志，2011（2）.
② 同上.
③ 海德格尔.人，诗意地安居：海德格尔语要[M].郜元宝译.上海：远东出版社，2004：27-28.
④ 马群仁."让学引思"：为能动学习而设计——区域推进课堂教学改革的实践与思考[J].江苏教育研究，2019（17）.

推动课堂发生"静悄悄的革命"。① 有研究者认为,"让学"的本质和核心是"课堂立意"转换,这种转换是在时间、空间、精力等多维度下的"主体更替",即教师从"教学中心"转向"学生中心"。该研究者举例说:以高中思想政治课为例,其课程设置和课程结构本就包含"哲学与生活"等专题内容,有着践行自主课堂的哲学基础。但在多数情境下,教师迫于应试的压力,很难引导学生去思考"学与思"的关系,未能让学生自主开展学习。所以,"让学"思想的价值并不仅仅在于把课堂还给学生,而是真正地做到让学生的思维生发。②

1."教"意味着要"让学习者去学"

让学生真正拥有学习的机会,即教师要"会教",这是"教要让学"的一层深意。"教不让学"就会使学生在无形中失去学习的机会。当今时代,让每个人接受教育已成为人们的普遍共识,但"教不让学"难以保证学生在事实上拥有学习的机会,这显然是必须引起我们注意的一个问题。

比如,在进行高中思政课"我国基本经济制度"内容的教学时,如果教师既没有提问"现阶段我国基本经济制度是什么",也没有创设情境,引导学生从情境中提炼信息,或者通过对材料的阅读分析,由学生得出结论;或者,教师虽然提出了"现阶段我国基本经济制度是什么"这一问题,但没有给学生思考的时间,而是随后自己给出了答案;又或者,教师提出了"现阶段我国基本经济制度是什么"这一问题,也给了学生思考的时间,却没有给学生事先进行自主探究的机会,最终教师以自问自答的方式完成了这部分内容的教学。在这一过程中,很难引发真实学习,因为学生除了被动地接受教师的讲解以外,无须做任何有思维含量的思考和探究,也就基本失去了自主学习的机会。

2."教而让学"意味着要"引导学习者学会去学"

"教而让学"的课堂要求学生去学的内容也许是广泛的,包括学习知

---

① 李达.让学引思:构建自主课堂的价值辨思[J].教师教育论坛,2017(12).
② 同上。

识、技能，学习做人，等等。但"教而让学"要求学生"会学""学会"，即要求教师教会学生如何学习。这一点在知识激增的当代社会尤为必要。我们无法让一名学生在学校学习到他今后踏上社会所需的所有知识与技能，但如果学生学会了学习，他就会在自我拥有的学习能力的支持下自主地去学习。否则，一个不会学习的学生始终难以离开教师独立地去学习，或者说，这样的学生很难拥有自主学习能力，即使踏上社会后有了更多的学习机会，他也很难实现真正的学习。

3. 教而让学需要"会学""会教"的好教师

"教而让学"需要教师不仅是会学者，更要成为会教者。毋庸讳言，一个不善于学习的教师很难引导学生成为善学者，一个不会教的教师势必难以引发真实学习。"教而让学"并不否认教师的作用，恰恰相反，对教师的要求更高。"教而让学"需要教师在学生知识建构过程中起到积极的促进作用。为引起学习行为的真正发生，教师不仅需要在教学活动中有序让渡必要的教学时空，而且这个教学时空中教学活动的发生、发展均需要教师作出统筹规划、精心设计与合理安排。

二、教而让学引发真实学习内涵阐释

在我看来，学习是一种从"无"到"有"的专业建构行为。虽然学习可分为狭义与广义两种，但学习是否真正发生并不是从学习的狭义与广义的区分上辨别，而是只能从学习的过程和最终导致的结果予以判断。从教学的一个重要使命是培育学科核心素养的角度来说，学习就是让个体最终形成正确的价值观念、必备品格和关键能力的建构行为。

"教而让学引发真实学习"是指在教学引导下，发生了真实的学习活动，使学生的学习行为真正得以发生。这一真正发生的学习行为引起了学习者积极持续的变化，真正促进了其正确的价值观念、必备品格和关键能力的形成。"教而让学引发真实学习"主张教师为学生学习创造条件，提供机会，给学生进行学习所需要的时间与空间，激发学生学习的欲望，调动学生主动思考与实践，提高学习的专注力乃至增强其创造力，即教师在教学的过程中让时间、让空间、让机会、让思考、让实践。

"教而让学引发真实学习"是一种体现"以学生为中心"理念的教学主张，要求教师将学习的主动权交给学生，引导学生积极进行自主建构，创造条件引导学生通过学习获得更好的成长与发展。这种教学主张能够充分体现学生的学习主体地位，同时也要求教师在教学过程中积极探索有效的教学活动，引导学生自主思考，从而有效培养学生的思维能力。这一教学主张是符合我国当前新课改理念的。

真实学习的发生一定离不开自我建构的过程，认知建构理论与真实学习的发生存在着内在的必然联系。无论我们如何认识海德格尔提出的"教要让学"的教学理念与建构主义之间存在着怎样的关系，我认为，要使海德格尔提出的"教要让学"的教学理念得以较好地落实，就一定离不开基于建构主义开展的教学实践。从根本上说，认知建构理论认为，学习过程是学习者自身知识与能力建构的过程，强调主体意识、自主学习、知识内化和能力培养。这是"教要让学"的一个重要的学习发生基础。在教学实践中，我们经常知道应该怎么做，却又往往不知不觉要"帮"学生做，这样的思维习惯和行为习惯亟须作出改变。

不难看出，学习建构的过程也是"教要让学"的过程。需要指出的是，强调"教要让学"并非要弱化知识的学习。恰恰相反，当前对知识学习的要求不仅没有降低，反而更高了。在建构主义者看来，不具备一定的基础知识或已有知识不充分，缺失了探究起点的探究活动是难以进行下去的。而获得相关经验，拥有探究起点，显然并不排斥课堂教学中必要的知识传递。进一步研究，我们同样不难发现，即使是美国学者多尔（W. E. Doll）这位敏锐的后现代主义课程论的主要代表人物也强调教师、学生和文本之间的对话，强调要利用"自组织"加深知识的学习。

建构主义认为，学生是知识的主动建构者、信息加工的主体，在教学过程中应处于主体地位。这决定了教学需要从以教为主转向以学为主，倡导以学生为中心而不是以教师为中心。传统的知识观下的教师作为知识的拥有者、真理的代言人，在教学过程中处于支配地位。这种现状必须作出改变。要确立教学中学生的主体地位。教学要引导学生在面对新知识时要从原有的经验出发，建构新的经验。①

值得一提的是，以批判性学习、迁移应用与高阶思维能力培养为特征的深度学习对于教而让学引发真实学习颇具参考意义。深度学习是一种基于高阶思维发展的理解性学习。深度学习要求教而让学，有助于真实学习的发生。

三、教未让学致使学习成效不佳的成因

（一）现象描述：以教为主向以学为主的根本性转变尚不普遍

学生能否成功地进入真实学习之中，决定着一堂课中学生学习效率的高低。学生一旦处在真实的学习状态下，课堂的收效才是最大的，这样的课堂才能称为真实学习的课堂。在课堂教学中，我们有时会见到以下一些现象：教师精心备课，自认为准备充分，讲得津津有味，学生却听得索然无味；教学过程中，教师未能提出合适的问题，学生因而无法或很少有机会有效参与课堂教学过程；知识教学从抽象到抽象，教学过程显得枯燥无味；缺少教学互动，课堂教学气氛沉闷；学生对学科学习缺乏兴趣，并处于越是激发不起学习兴趣就越是不愿学习的状态，也因此得不到有效的激励，陷入越是得不到有效激励也就越不愿学习的不良循环之中。毫无疑问，这样的思政课教学是低效、无效甚至是"负效"的。

尽管强调关注学生的学习、倡导学习方式变革一直伴随着新课程改革的推进过程，但是有研究指出，从总体上说，目前课堂教学还没有普遍地实现由以教为主向以学为主的根本性转变。余文森认为，"就整体而言，教的本位意识和讲授中心的课堂还没有从根本上得到实质性的改变。"②田慧生认为，课堂教学改革进入全面深化阶段以后，教与学的关系

---

① 高芹.建构主义知识观及其对传统教学的反思[J].文教资料,2008(12).
② 余文森.育人方式变革的四个体现[J].基础教育课程,2021(Z1).

并未发生根本性调整,课堂还未实现从以教为主向以学为主的根本性转变。[1]

仔细研究不难看出,从以教为主转向以学为主体现了教学目的观的深刻变化,也部分地诠释了真实学习行为未能发生的一个重要原因——教未能让学。这一问题的存在不能不引起人们的关注。学生的学习行为并未真实发生,虽然有部分学习者个体缺乏学习兴趣、学习热情和学习动力等主观因素,但传统的以教为主的教学观念和教学行为是造成教未能让学的重要因素。在这个意义上,"教要让学"的问题值得重视,这也正是本书关注的焦点。

(二)教未让学归因

在思政课堂教学中,一些不理想的教学现象之所以存在,其原因主要包括:教学针对性不强、预设过度挤占生成时空、教学始终处于低阶思维层次等。上述成因看起来是多方面的,但从根本上来看,学生真实学习行为未能如期发生的一个重要原因在于"教未让学"。

1. 教学针对性不强,导致教未让学

教学针对性不强,教师时常投入较多时间与精力解决学生能够独立解决的问题,是教未让学的一个突出表现。比如,"满堂灌"式的教学方法因其弊端而为广大教师所认识。当前,在基础教育阶段,这一教学方法的使用已不普遍。但有时为了避免出现"满堂灌"的现象,为了让学生在课堂上动起来,扩大课堂教学中学生的参与面,有教师将"满堂灌"变成了"满堂问",简单的问题也让学生逐一回答或者组织讨论,致使简单易学的知识耗时、耗力过多。在这种教学活动中,师生都浪费了宝贵的时间和精力,教学却未能引起理想的有益变化,甚至产生了负面的影响:教师浪费了自己和学生宝贵的时间和精力,学生失去了在课堂这一特定时空中的学习机会,不仅激发不了学生的学习意愿,反而会消解学生的学习热情,从而阻滞学生的成长与发展。

---

[1] 田慧生.落实立德树人根本任务 全面深化课程教学改革[J].课程·教材·教法,2015(1).

2. 预设过度挤占生成时空，导致教未让学

课堂教学既需要考虑预设，也需要考虑生成。因为没有预设的课堂可能因教学的天马行空导致教学的随意性，而预设过度则会挤占生成时空，可能导致课堂没有教学生成。在预设过度的课堂教学中，尽管看起来教学过程中一切似乎显得有条不紊、井然有序，但由于一切都在教师的"预设之中"，从根本上来看依然是"以教师为中心"和"以知识为本位"教学观的直接体现。虽然预设过度的课堂教学未必没有学生学习的时空，但缺少了教学生成的学习时空，会造成学生自主学习、积极互动和富有个性化学习的缺失。因为教学生成的东西很可能是学生感兴趣的内容，也很可能是最有价值的学习内容之一。当然，我们也需要考虑到这一问题：如果生成过多，也可能影响预设的教学目标的实现，导致难以按时完成教学计划，造成教学失去中心，学习浅尝辄止，从而背离重视与善用教学生成这一初衷。

3. 教学始终处于低阶思维层次，导致教未让学

美国教育家布卢姆（S. Bloom）早期认为，认知思维过程可以具体化为六个教育目标，即记忆、理解、应用、分析、综合、评价。其中，记忆、理解与应用是低阶思维，主要用于学习事实性知识或完成简单任务。[①]（也有观点将"应用"归于高阶思维层次）。分析、综合、评价是高阶思维，倡导学生开展有意义的思维学习。[②] 布卢姆后期将认知思维过程完善为六个教育目标：记忆、理解、应用、分析、评价、创造。

如果教学的思维始终停留在记忆和理解层次上，那么就会始终处于低阶思维层次。如果教师的讲授只是对文本信息进行简单诠释，所教的是学生已经懂得的道理，学生不能从教师那里学有所得，那么这种缺乏思维深度、难以激发真实学习的行为的一种典型表现，即是学习始终处于"无意识模仿"的阶段。美国心理起源说的代表人物孟禄（Monroe）认为，在原始社

① 李红.高中政治课与议题式教学实现深度契合的策略分析[J].考试周刊,2020(47).

② 潘星竹,姜强,黄丽,等."支架+"STEM教学模式设计及实践研究 ——面向高阶思维能力培养[J].现代远距离教育,2019(3).

会,学习往往被视为儿童在日常生活中对成人行为的"无意识模仿"。他认为,学习是人类的生物本能,就如鹦鹉学舌,在一定的社会情境下会本能地作出反应。人类在幼儿时期主要通过模仿进行学习。这种学习方式松散而低效,往往是一种低水平的重复,没有促进高阶思维能力的培养。

缺乏深度学习的课堂教学,学生在浅层学习状态中难免会出现余文森在《课堂教学有效性的探索》一文中指出的情形:合作有形式却无实质;探究有形无实,因为探究的问题并不具有探究的必要。① 这样的课堂极少让人感受到"深度",因为这样的课堂不仅缺少思维的力度,而且缺乏触及人心灵深处才能产生的精神愉悦。

教学针对性不强、预设过度挤占生成时空、教学始终处于低阶思维层次等现象的成因看起来是多方面的,但从本质上来看,学生真实学习行为未能如期发生的一个重要因素是"教未让学"。尽管现象各异,但其背后的一个共同的直接原因是教师未能为"学"提供一定的时空。造成这一现象的主要原因在于,教师没有真正理解和把握为什么而教、怎样教以及为什么要这样教。

反之,在"教而让学"的课堂教学中,从整个教学过程来说,应该是一个"因为教引发学"的过程。在这个过程中,教师的作用在于把自己的教学能力转化为学生的学习能力,随着学生学习能力由小到大的逐渐增长,教师的作用在量上则逐渐减弱,学生逐步走向学习上的独立,教师的作用至少在形式上告终。看起来,教师的作用似乎逐步消解,实则不然。事实上,教师的作用恰恰得到最好的发挥——由于引发了真实学习,教学层次不断提升,因而促进了学生的学习能力不断得到真正的提升。

四、教而让学引发真实学习:关键因素和基本路径

(一)教学行为影响学习行为

一定意义上,无教不成学,尤其是在基础教育阶段,学生的学习更多

---

① 余文森.课堂教学有效性的探索[J].教育评论,2006(6).

的是在教师的引导下进行的。教师的教学行为对学生的学习行为具有重要的影响。即使是在高校，教师的教学行为对学生的学习行为的影响也是十分深刻的。有研究表明，学生的学习行为和教师的教学行为均对教学满意度产生显著影响。"究其原因可能是教学满意度的评价与教师教学和学生学习联系紧密，其中教师教学方式是影响教学效果的关键因素，教师作为教学活动的指导者和实施者，其专业技能和实力在较高程度上决定了教学效果的优劣。当教师的课程讲授生动有趣时，极易引起学生兴趣，由被动性参与课堂转化为主动性参与，从而增强对教学的满意程度。"[1]

（二）教而让学引发真实学习的关键因素

教学行为深刻地影响着学习行为，因此，教而让学引发真实学习需要教师从教学理念到教学行为作出改变，需要我们思考教而让学引发真实学习的关键因素与基本路径。

要实现教而让学引发真实学习，从根本上来说，需要转变教学方式与学习方式。2018 年，教育部颁布《教育部关于做好普通高中新课程新教材实施工作的指导意见》，"双新"（新课程、新教材）的核心是一种以学生为中心的教育观。《课程标准》把"尊重学生身心发展规律，改进教学方式"作为重要的基本理念，提出"本课程针对高中学生思想活动和行为方式的多样性、可塑性，着力改进教学方式和学习方式"；在"教学与评价建议"部分提出，"本课程的教学要运用多种方式、方法，引导学生自主学习、合作学习和探究学习，强调学生的活动体验是其思想政治学科核心素养发展的重要途径"。[2]

思想是行动的先导，教而让学引发真实学习的前提是教学观念的转变。在教学实践中，必须实现教学行为的改善，创造条件为学生开展学习

---

[1]　蔡文伯，刘俊丽.教学满意度：教师教学行为与学生学习行为哪个影响更大？——基于 4 585 位大学生调查的实证分析[J].高教探索,2022(5).
[2]　中华人民共和国教育部.普通高中思想政治课程标准（2017 年版 2020 年修订）[S].北京：人民教育出版社,2020：41.

提供必要的时空。汪潮在研究海德格尔教育思想的基础上提出，"'让学'的教学观是学多于教，'让学'的目标观是深入理解，'让学'的学习观是展示过程，'让学'的方法观是自主学习，'让学'的教师观是合作导师"。① 毫无疑问，教而让学引发真实学习需要有效提升教师教学素养。办好思政课关键在教师，提升教师教学素养是教而让学引发真实学习的根本保障。

（三）教而让学引发真实学习的基本路径

通过仔细观察与研究课堂教学，我们不难发现，部分课堂教学一定程度上未能教而让学，从而未能引发真实学习。造成学生"在场"但实际"缺席"的原因主要包括：（1）未能关注学生认知起点，学生或因教学内容过深，或因教学过程简单机械重复而味同嚼蜡，不想参与学习过程，难以引发真实学习。教师未能对学生的个体差异给予适当关切，部分教学内容与学生学习实际存在一定距离，无法吸引学生深度参与学习过程，无法引起学习者的持续改变。（2）教师未创设或较少创设教学情境，教学过程主要是知识的简单呈现，学习者未能进入学习状态，个体未发生相应的持续变化，学与不学没有区别。（3）缺乏教学互动，学生无法主动参与教学过程，教学任务引不起学生的学习兴趣，无法吸引学生学习的注意力。（4）教师未设计能激发学生思考的问题，学生无法参与教学活动，引不起学习兴趣。（5）课堂教学未开展深度学习，思维水平得不到提升。（6）教师未能提供及时而中肯的教学评价，无法对学习者给予恰当的激励或鞭策，难以激发学习者较为持久的学习动力。

为此，从教而让学引发真实学习的目的出发，有必要探索教而让学引发真实学习的基本路径：关注学生认知起点，创设教学情境，促成教学互动，设计问题驱动，开展教学评价，积极开展教育科研以提升自身素养，等等。

---

① 叶俊杰.数学课堂"让学"策略初探[J].小学教学参考,2015(8).

第二章　基于认知起点的教学

　　"基于认知起点的教学"可以被认为是建立在学习主体在认识客观世界的过程中已有的知识水平、学习经历、生活经验、认识能力、思维习惯等要素基础上的教学。这一教学理念重视学生已有认知基础对新学习活动的重要意义，强调学习活动发生的继承性与延续性。

　　教师转变教学方式的一个直接目的在于促使学生学习方式的转变，在关注和找准学生认知起点的基础上，引导学生运用适合于自己的学习方式开展学习，让学生学得起来，学得有声有色，学得富有成效。

第一节　基于认知起点的教学与
引发真实学习的内在逻辑

一、基于认知起点的课堂教学

（一）基于认知起点的教学

认知是个体在认识客观世界的过程中，通过心理活动（如感觉、知觉、记忆、思维等）获取知识，进行信息处理的心理功能。认知活动就是个体获取知识、认识客观世界的信息加工活动。目前，学术界对学习主体认知起点的概念未作较为明确的界定。我认为，一般而言，"认知起点"可作这样的界定：学习主体在认识客观世界的过程中，已有的知识水平、学习经历、生活经验、认识能力、思维习惯等要素的总和。认知起点是已知与未知的临界点，是连接已有知识与获取新认识的桥梁，是新认识产生的心理基础。

正是因为认知起点是新认识产生的心理基础，所以"基于认知起点的教学"可以被认为是建立在学习主体在认识客观世界的过程中已有的知识水平、学习经历、生活经验、认识能力、思维习惯等要素基础上的教学。这一教学理念重视学生已有认知基础对新学习活动的重要意义，强调学习活动发生的继承性与延续性。建构主义非常强调学习者本身已有的经验结构，即今天我们所说的认知起点，认为教学不能无视学生的已有经验，而是要把学习者现有的知识经验作为新认识的生长点，引导其从原有的知识经验中发展出新的知识经验。

（二）基于认知起点的课堂教学现状

尽管随着教学改革的不断深入，不少教师对新课改理念日益认同，并将改革理念努力付诸教学实践之中，但以教师为中心，课堂教学只从教师的认识出发等背离新课改理念的教学行为仍然不同程度地存在。这一现象之所以存在，与教师教学观念的转变不够深入不无关系，而对学生认知起点未能给予足够的重视是教师教学观念转变不够深入的重要原因之一。

不必讳言,当前,课堂教学中关注学生认知起点还不普遍。这一现象不仅存在于思政课堂,也存在于其他一些学科教学中。有研究者指出:"在数学教学中,我们总希望自己的教学能建立在学生已有的认知水平上,让学生能'跳一跳摘桃子',使教学达到理想的效果。"①但往往事与愿违,我们要么因将学生看得过于聪颖而将问题设计得过难,要么因将学生看得太弱而容易将简单的内容考虑得过于复杂烦琐。

二、基于认知起点,促进学习方式转变

一般而言,"学习方式泛指学习者在各种学习情境中所采取的具有不同动机取向、心智加工水平和学习效果的学习方法和形式"②。新课改理念下,专家、学者们对学习方式的转变给予热切关注。比如,转变学生的学习方式就是要使学生的主体意识、能动性和创造性不断得到发展。③

(一)关注学生认知起点与促进学生学习方式转变的内在逻辑

在考察促成学习主体学习方式发生变革的学术谱系里,皮亚杰(Piaget)的认知发展理论是绕不过去的著名学术见解。在认知发展理论中,"同化"和"顺应"是两个极为重要的概念。皮亚杰认为,认知发展是认知结构不断重新建构的过程,而绝不是一种数量上的简单累积。在他看来,个体的认知结构是通过同化和顺应而获得不断发展的。同化是指把新的体验纳入已有图式(也叫认知结构,是指思维或行为的一种组织模式,个体通过构建这样的模式去解释一些相关的经验)中加以理解的过程。顺应就是调整已有图式来适应新的刺激的过程。④

---

① 吴敏.把握学生的认知起点[J].湖南教育(C版),2020(4).
② 庞维国.论学习方式[J].课程·教材·教法,2010(5).
③ 孔企平.论学习方式的转变[J].全球教育展望,2001(8).
④ 桑艳红,杨泽忠.皮亚杰平衡化研究综述[J].考试周刊,2011(6).

当我们把目光从前人的理论探索转移到当下的教学现实中来的时候，我们似乎应该清醒地认识到，有效学习必然要求关注学生的认知起点，促进学生学习方式的转变。在新课程改革背景下，对学生机械、被动接受教学等不符合认知特点的学习方式必须作出改变。转变学生学习方式需要基于学生认知起点开展教学。为学生创设适合学习的环境，促成学生学习方式的转变，应成为教师的一项重要任务。这既是学生学习心理发展特点的要求，是课堂教学关注学生认知起点的实践意义之一，也是关注学生认知起点与促进学生学习方式转变的内在逻辑。

（二）以基于学生认知起点的教学促进真实学习的发生

教师转变教学方式的一个直接目的在于促进学生学习方式的转变，在关注学生认知起点、找准学生认知起点的基础上，引导学生运用适合自己的学习方式开展学习，让学生学得起来，学得有声有色，学得富有成效。关注学生认知起点有助于促进教师的教学观念实现从"关注教学方式"向"关注学习方式"转变，促进教学方式和学习方式的转变。在一定程度上，开展基于学生认知起点的教学不仅将促使教师转变教学观念，更重要的是，基于学生认知起点的教学贴近学生的需求，符合认知规律，更有针对性，从而有助于引发真实学习。

第二节　关注认知起点：思政课教师
教学观念转变的维度

毋庸置疑，教学观念的内涵是多方面的，包括教师观、学生观以及教学评价观等，因而教学观念的转变也应是多维度。我认为，高中思想政治课教学要侧重关注学生认知起点，需要教师教学观念至少发生以下三个方面的深入转变。

一、从"以教师的认识起点"向"以学生的认知起点"转变

目前,课堂教学中以教师的认识作为教学起点的现象普遍存在。然而,教学的起点究竟应该在哪里?皮亚杰的认知发展理论启发我们,学生已有的认知是教师开展教学的重要基础,未能关注学生已有认知而以教师的认识作为起点的教学往往不能收到良好的成效。

我曾在一节高二政治课"辩证思维的主要方法"课堂上观察到,班级 36 名学生中,超过三分之二的学生对"逻辑的和历史的统一方法"的内涵没有基本的认知,理解较为困难。教师则认为学生对这一方法有所认识并有所理解。这样,就导致在随后开展的课堂教学活动中,出现了师生互动不畅、学生课堂参与度低等现象,教学效果很不理想。造成这一现象出现的一个重要原因,就是教师在教学中未能充分关注学生的认知起点。当部分学生学有所获而另一部分学生却收效甚微的情况出现时,实际上意味着教师未能很好地践行"教学应面向全体学生"的理念。

我通过与执教老师交谈,向其提出了关注学生认知起点的建议,并与执教老师一起研究课前调查问卷。通过调查,执教老师梳理出如下问题(见表 1):

表 1　"逻辑的和历史的统一方法"问题梳理

序号	问　　　题
1	这一辩证思维方法中的"历史"是指什么?
2	这一辩证思维方法中的"逻辑"是指什么?
3	逻辑的和历史的统一的基本内容大体包括哪些?
4	逻辑的和历史的统一是指什么的内在必然性?如何理解?
5	历史的方法与逻辑的方法本质一样吗?为什么?
6	历史的方法与逻辑的方法可以等同吗?为什么?

序号	问　　题
7	"统一"是要求逻辑服从历史或历史服从于逻辑吗？为什么？
8	逻辑的和历史的统一方法对人们进行科学研究和建立科学理论体系提出了怎样的要求？

之后,在了解了学生认知起点的基础上,执教老师结合上述问题梳理,循序渐进地开展教学,取得了良好的教学效果。事实上,学生在教师引导下,对上述逻辑的和历史的统一所涉及的基本内容有了较好的了解后,才有可能对"逻辑的和历史的统一"这一辩证思维方法的学习内容有较好的掌握。教学实践表明,要取得较好的教学效果,离不开对学生认知起点的了解。

教学实践中还存在另一种现象,那就是教师以为学生对某一知识较难掌握,因而将宝贵的教学时间过多地投入对该知识的讲解中,而事实上,学生是能够比较轻松地理解并掌握该知识的。因此,教学活动无法激发学生的学习热情,甚至不能引起学生的听课兴趣,导致教学的低效甚至无效。这无疑同样属于忽视学生认知起点的教学行为。当然,教学中关注学生认知起点并不是要求教师抛开教学内容另起炉灶,天马行空地自由发挥,而是要在课堂教学中,注意从学生的视角思考教学内容的选择与教学的时序安排,不能以教师自己的认识替代学生的认知。一言以蔽之,教学的一个重要起点是学生的已有认知。关注认知起点,需要促进教师的教学观念实现从"以教师的认识作为教学起点"向"以学生的认知作为教学起点"转变。

二、从"以教材编写起点"向"基于标准的学生认知起点"转变

教材编写的(逻辑)起点通常是基于学科知识的系统性和完整性。长期以来,有相当一部分教师按照教材编写逻辑进行教学设计并实施

教学。尽管因为有教材作为教学依据,这一做法看起来显得比较规范,但由于教材编写通常以学科知识发展为线索,往往难以同时兼顾学生的认知起点,教师以基于教材编写的教学逻辑来实施教学,问题不免也会随之而来。比如,有位教师在课堂教学中按照教材内容编写逻辑设计了一个问题情境,想通过学生的回答引入新的课题。但学生完全不按该教师的设想来,因而他几乎无法进入下一个教学环节,课堂教学因此陷入僵局。我们究竟应该怎样看待这一现象?我从关注学生认知起点角度就这一现象作了以下思考:

其一,教师应审视自己的设想和学生思路的合理性。课堂上,学生为什么不按教师的设想来?学生的思路是否合理?学生的思路是否有利于本节课教学的推进?如果学生的思路有利于本节课教学的推进,就应被视为合理的。因为这一思路来自学生,更符合学生的认知特点和认知规律。这时,按照学生的思路来又何乐而不为呢?

其二,不按教师设想出的"牌"有可能恰恰是"好牌"。基于学生认知的学生思路有可能弥补教师备课尤其是"备学生"的不足,反而促进了课堂教学的生成,增强了教学互动的有效性。当然,教师在缺少准备时跟着学生思路走,会对教师提出一定的挑战,需要教师有更好的临场应变能力。

其三,有些入职时间较长的教师在备课时感觉轻车熟路,却容易忽视不同学生的认知起点。其实,无论入职时间长短,教师都应关注不同学生的认知起点,并做好教学经验的积累,在基于《课程标准》开展相关内容的教学时,有意识地不断了解学生的既有认知状况,及时梳理、提炼适合学生学习的教学思路,结合学生的认知起点有效地组织教学。

总之,课堂教学应关注学生的认知起点,实现从"基于教材编写的教学逻辑"向"结合教学内容和学生认知起点的教学逻辑"的转变。需要指出的是,一方面,高效的课堂教学离不开有效的教学设计,有效的教学设计离不开课程标准和学生认知,而不仅仅是教科书(当然,教学内容也不仅仅是课本知识)。另一方面,教师需要切实实现从"教教材"到"用教材教"的转变。可以说,忽视学生认知起点的教学设计,无论怎样试图贴近课程标准,都无法真正达到课程标准的要求。

三、从"关注教学方式"向"关注学习方式"转变

教学原本应该是教与学的双边互动行为,但一些教师单方面主导教学的行为造成了学生的被动学习。在传统的高中思政课教学实践中,更常见的是一些教师在未对学生认知起点予以必要关注的前提下,认真备课,精心设计教学环节,甚至对自己在课堂上要说的每一句话都作了设计。在这种情况下,衡量一节课上得好与不好的重要标准之一是有没有在既定的时间内讲完课前设计好的所有要说的话。甚至有教师把下课铃响讲完最后一句话视为课堂教学的成功。殊不知,在这一"成功"背后,教师对自己教学方式运用的自我肯定,与我们所追求的通过创设问题情境等促进学生转变学习方式,注重合作学习和探究学习的课程理念并不相符。

当前,虽然相当一部分高中思政课堂在形式上看起来教学方式多样,教学手段灵活,师生之间时有较为热烈的互动,但从本质上来看,由于教师忽视对学生认知起点的必要关注,即便有问题情境的创设等,在不少课堂上依然是传统的教学观念在支配教学行为,教师并未从根本上转变教学方式,因而也并未引起学生学习方式的根本转变。有教师认为自己讲解清楚了,学生就应该学会了;甚至有教师担心关注学生认知起点会影响教学进度,无法按时完成教学任务。不得不说,持有这些想法的教师对学生真实学习活动的发生与否、深入与否缺乏观察和理解,对激发学生有效学习的发生之于提高学习效率的积极意义尚缺乏足够的认识。

在后现代主义者看来,"课程的意义在于为学生创设一个与知识相遇的情境"[①]。面对当下的教学现实,我们似乎应该清醒地认识到教师的

①　韩春兰.知识观转型与课堂教学改革取向[J].滨州学院学报,2007(1).

"教"要"让学",教师若不认真关注教学内容与学生已有认知的联系,开展合作学习、探究学习时缺少对学生应有认知基础的了解,则很难保证学生会有真实学习活动的发生。对于教师而言,从"关注教学方式"向"关注学习方式"转变,不仅是一种新的教学理念,同时也呼唤建立相应的新教学方式。

第三节　基于认知起点的教学路径

一、通过课前问卷调查方式了解学生的认知起点

经过较长时间的教学与教研实践探索,我认为,通过课前问卷调查方式了解学生对于即将学习的内容的认知起点,是了解学生认知起点最为有效、最为系统和最为便捷的方式。这一方式不仅方便、省时、省力,也便于学生从容列出自己的疑问等。下面分别以高中思想政治必修2《经济与社会》中"充分发挥市场在资源配置中的决定性作用"一课的新授课教学和选择性必修3《逻辑与思维》中"遵循逻辑思维规则"一课的复习课教学为例加以说明。

（一）案例一

在教学这一节课前,教师可做课前调查的问题设计、收集后的问题分析,并基于认知起点的课堂教学进行教学设计。

表 2 "充分发挥市场在资源配置中的决定性作用"课前问卷

序号	问　　题
1	列举日常经济生活中体现市场三大机制的事例,并说明理由。
2	在自主学习关于市场经济的作用的内容后,你有哪些疑惑?

教师在课前调查中收集学生提出的问题(为避免所提问题重复出现,这里选取 22 位学生提出的 17 个问题列出)。

表3 学生在课前问卷中提出的问题

问题类别	具　体　问　题
市场价格与市场供求为何能相互影响	市场价格与市场供求存在着怎样的相互关系？
	市场价格与市场供求产生关联离不开经济信息的传递，市场经济为什么可以传递各类经济信息？经济信息为什么通过市场经济能得到更好的传播？
	市场经济经常会变化，那么它是怎样准确提供各类经济信息的？
	在市场经济条件下，有些经济信息的时效性很短，是否仍具有很高的参考价值？
	为什么市场经济具有快速传递各类经济信息的功能，而不是信息的快速传播决定了市场经济的发展？
市场竞争引导资源流向效率高的领域和企业	在市场经济中，生产什么、如何生产、产品如何分配主要通过什么来调节？
	市场如何配置资源才会生产出更多、更好的产品？
	市场竞争如何自发配置资源？
	如果人为地使供求关系不平衡，这个功能还能发挥作用吗？
	自发配置资源是否会导致产生"会赚钱的更会赚钱""不会赚钱的更不会赚钱"现象，从而出现某方面的垄断？
市场经济竞争推动科学技术和经营管理进步	我家门前的店面几年间换了十几家租客开餐馆，怎么没感觉这些餐馆被刺激而进步创新？
	游戏产业抄袭盛行，但市场在不断扩大，是不是市场经济这一功能与事实不符？
	为什么创新不在择优汰劣的功能中？如果不创新，不就是会被淘汰了吗？为什么创新不和价格、质量、品种、服务并列？
市场竞争实现优胜劣汰	市场具有择优汰劣的功能，那么不断汰劣之后，只有大企业能站稳脚跟，那么对近些年来兴起的小型企业又怎么解释？
	市场会让社会经济向前发展，但也会淘汰企业，是否矛盾？
	卖早点的摊位产品单一，为什么大多数没有被淘汰？
	市场经济能自发刺激企业生产技术进步和创新，那么市场上为什么依旧有成本高但收益小的企业？

（二）案例二

结合课前问卷调查进行学情分析。经过一轮新授课教学，学生在学习了"遵循逻辑思维规则"后，已具备一定的学习基础。因为《逻辑与思维》的学习内容较为抽象，难度较大，一轮教学时间比较紧，学生学习中还存在一些亟待解决的疑惑，这些疑惑也是今后教学中需要关注的重点与难点。因为学生比较清楚自己的疑惑之所在，所以教师可在此基础上开展针对性教学。在对本单元内容的理解与运用上，学生的困惑主要集中在对概念的内涵与外延的理解、对主项与谓项的外延是否周延的准确判断、正确运用三段论推理规则、准确掌握假言判断与假言推理等相关内容，以及运用所学内容分析、解决相关问题等方面。

从认知发展进程来看，高中生思维比较活跃。同时，本复习课的教学内容是对学生学习中还存在的一些亟待解答的疑惑的回应，学生关注度比较高，教学中可注意调动学生学习的积极性，让学生积极参与学习过程。经过了一轮新授课教学，学生对一些问题已作了一些探究与思考，在仍存在疑惑的情况下，在重在解疑释惑的课堂教学中，在学生适度参与下，教师可根据课堂情况分配教学时间，循序渐进地开展教学，做好突破难点的相应铺垫。

在学情分析的基础上，应确定适切的教学目标。就学生面临的知识理解与运用的困惑而言，通过教学引导学生准确把握概念的内涵与外延，能够对主项与谓项的外延是否周延作出准确判断，能够正确运用三段论推理规则，掌握假言判断与假言推理相关内容，能够运用所学内容分析、解决相关问题，这些是教学需要实现的重要目标。当然，亦需要关注通过教学进一步培养理性精神，促进科学思维的形成等学科核心素养的培育。

因此，结合课前问卷调查，针对学生学习实际，"遵循逻辑思维规则"复习课的教学重点、难点至少应包含以下内容：概念的内涵与外延、主项与谓项的外延是否周延、三段论、充分条件假言判断、充分条件假言推理、必要条件假言判断、必要条件假言推理等，据此可进行课前准备。来自学生的课前准备可以是：独立研读课本，进行本单元知识梳理，绘制本单元知识的思维导图,加深对知识的理解、熟悉,形成知识结构。来自教师的课前准备可以是:了解学生认知起点,收集学生学习中存在的疑惑,组织教学内容,撰写教学设计,制作教学课件。可以考虑设计以下教学流程(以两课时为例):

表4　教学环节、活动预设与设计意图

第1课时			
教学环节	教师活动预设	学生活动预设	设 计 意 图
环节一	请学生展示思维导图并完成相关学习任务	学生展示思维导图,简述绘制思维导图的收获	引导学生自主学习,自主进行知识梳理,加深对知识的熟悉与理解
环节二	结合学生与教师展示的思维导图,简述本轮复习的一个策略:结合思维导图,深刻理解学习内容	思考教师提出的关于本轮复习的一个策略问题	通过对问题的回答,引导学生明确复习的一个策略:关注建构知识的有机关联
环节三	进行主项与谓项的外延是否周延、三段论内容的难点突破教学	思考教师提出的关于主项与谓项的外延是否周延、三段论内容的相关问题	通过对学生疑惑的分析,引导学生理解主项与谓项的外延是否周延、三段论内容的相关问题
环节四	课堂小结	对本节课学习内容进行简要回顾	通过对本节课学习内容进行简要回顾,引导学生进一步领会本节课教学内容
第2课时			
教学环节	教师活动预设	学生活动预设	设 计 意 图
环节一	进行充分条件假言判断与推理、必要条件假言判断与推理的难点突破教学	思考教师提出的关于充分条件假言判断与推理的问题	通过对充分条件假言判断与推理的难点突破教学,引导学生进一步理解相关内容
环节二	进行必要条件假言判断与推理的难点突破教学	思考教师提出的关于必要条件假言判断与推理的问题	通过对必要条件假言判断与推理的难点突破教学,引导学生进一步理解相关内容

续　表

第2课时			
教学环节	教师活动预设	学生活动预设	设 计 意 图
环节三	提供及时训练	分析问题、解决问题	评估教学成效，为后续有针对性地开展教学提供必要参考
环节四	课堂小结	对本节课学习内容进行简要回顾	通过对本节课学习内容进行简要回顾，引导学生进一步领会本节课教学内容

由于学生对本单元内容的理解与运用的困惑较多，因此教师可根据教学实际，合理安排课时，用两至三节课进行教学，以便帮助学生解疑释惑，取得较为理想的教学效果。

二、通过开展课堂交流的方式了解学生认知起点

通过课堂交流了解学生认知起点，主要有观察、提问、追问等方式。这里以"依法纳税是义务"一节课中税收相关知识的教学为例。本节课教学内容可涉及税收的有关知识，比如税收是国家财政收入的重要来源、我国社会主义税收的目的、我国的税种等。除了增值税相关内容的学习有些难度以外，其他涉及的知识总体上比较浅显易懂，教师如果照本宣科地开展教学，往往难以激发学生的学习兴趣。为引发学生的学习兴趣，教师在本节课的课堂教学中可首先出示下列表格。

表5　税收收入在我国财政收入中的数额

年份	财政收入合计（单位：亿元）	税收收入（单位：亿元）
2000	13 395.23	12 660
2005	31 649.29	30 866（不包括关税和农业税）
2010	83 080	73 202
2015	152 217	124 892

注：此表格未包括国内外债务收入。

教师在课堂教学中提问学生：你阅读这一表格后，是否产生了一些疑问？是哪些疑问？教师收集的学生阅读表格后产生的疑问见表6。

表6　学生阅读表格后产生的疑问

序号	疑　　问
1	上表反映的财政收入与税收收入之间存在的关系是否具有普遍性？
2	如果从上表反映的财政收入与税收收入之间的关系来推论税收的作用，结论可靠吗？
3	上表中，2015年税收收入占财政收入比与其他3个年份的税收收入占财政收入比相比较，产生显著变化的根本原因是什么？

又如，在课堂教学过程中，我曾出示以下两则阅读材料：

材料一：2016年3月5日，李克强总理在政府工作报告中表示，全面实施营改增，从2016年5月1日起，将试点范围扩大到建筑业、房地产业、金融业、生活服务业，并将所有企业新增不动产所含增值税纳入抵扣范围，确保所有行业税负只减不增。

材料二：2016年3月23日发布的《财政部　国家税务总局关于全面推开营业税改征增值税试点的通知》规定："经国务院批准，自2016年5月1日起，在全国范围内全面推开营业税改征增值税（以下称营改增）试点，建筑业、房地产业、金融业、生活服务业等全部营业税纳税人，纳入试点范围，由缴纳营业税改为缴纳增值税。"

学生阅读和思考后，我提问：阅读以上材料后，是否产生了一些疑问？是哪些疑问？学生产生了如下一些疑问（见表7）。

表7　学生阅读材料后产生的疑问

序号	疑　　问
1	以上两则材料好像都在集中强调一个问题，不然为什么把这两则材料放在同一个特定情境中？这是在集中强调一个什么问题？

续　表

序号	疑　　　问
2	全面实施营改增后,2015年税收收入占财政收入比与其他3个年份的税收收入占财政收入比相比,出现了较大幅下降,国家为什么还要实施营改增?
3	将所有企业新增不动产所含增值税纳入抵扣范围,确保所有行业税负只减不增,一定会使国家的财政收入减少吗?

三、通过访谈方式了解学生认知起点

"运用辩证思维方法"是《课程标准》对选择性必修课程"模块3:逻辑与思维"部分提出的教学要求。其中,"从抽象上升到具体"是辩证思维主要方法中较难被学生理解、接受的一种辩证思维方法(辩证思维方法即辩证逻辑方法,以下均称为"辩证思维方法")。许多一线教师对于如何突破这一教学难点颇感棘手。因此,针对"从抽象上升到具体"辩证思维方法认知困难的主要成因,了解学生认知起点,对帮助学生克服这一认知困难颇具意义。

我曾以访谈形式调查了3所普通高中学校选修思想政治的32名高三学生,调查统计显示:在产生认知困难的原因中,27人在第一印象中把"从抽象上升到具体"中的"(思维)具体"等同于"从感性认识上升到理性认识"过程中的"(感性)具体",比例高达84.37%。另有4人认为这一表述中的两个"具体"应该不同,但在自主学习后他们不清楚区别何在;其余1人由于在学习"寻求真知的过程"知识时不够重视,导致对"感性具体"了解不足,对"思维具体"缺乏认识。

通过数据分析不难看出,学生把"从抽象上升到具体"中的"(思维)具体"等同于"从感性认识上升到理性认识"过程中的"(感性)具体",实质上是将"具体—抽象—具体"这一科学思维方法中前后两个"具体"理解为同一个哲学概念,从而产生认知困难("具体—抽象—具体"是"感性具体—思维抽象—思维具体"简洁的表述。思维具体亦称"理性具体"，以下都以"思维具体"的形式出现）。

值得指出的是，除本次参与访谈的 32 名学生以外，我在陆续与其他不少学生的交谈中同样发现，大多数学生都对"从抽象上升到具体"中"具体"的认识发生了偏差，其偏差情况与上述访谈调研反映出的情形高度一致。这使我相信，尽管样本数据不大，但对学生在这一问题上的认知情况的揭示具有较高的信度。

了解了学生对"从抽象上升到具体"的这一重要的认知起点后，对有效突破该教学难点是有益的。为促进学生对两个"具体"形成正确认识，教学中可先出示下图，引发学生的思考这两个"具体"是否都是指"感性具体"，进而逐步引导学生掌握"从抽象上升到具体"的学习内容。

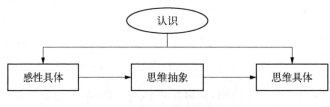

图 2　具体和抽象的辩证关系

四、通过组织阶段评价的方式了解学生认知起点

我曾经两次组织阶段评价来了解学生认知起点。在第一次对阶段教学质量所进行的纸笔评价中，我曾就促进共同富裕与解决新时代我国社会主要矛盾内在关系设计过一个问题，调研学生对促进共同富裕与解决新时代我国社会主要矛盾内在关系的理解情况。在第二次对阶段教学质量所进行的纸笔评价中，我曾请学生从"下定义必须遵循必要的逻辑规则"角度并运用所学"三段论推理"有关知识简要陈述某一演绎推理结构是否正确的理由。具体如下。

（一）第一次对阶段教学质量所进行的纸笔评价

问题：我国社会主要矛盾变化，是中国特色社会主义进入新时代的基本依据,是中国特色社会主义理论体系的重大创新。促进共同富裕是解决新时代我国社会主要矛盾的必然要求。综合运用所学内容,简述"促进共同富裕是解决新时代我国社会主要矛盾的必然要求"这一论断的合理性。

回答本题可作如下思考:

现阶段我国社会主要矛盾已经转化为人民日益增长的美好生活需要和不平衡不充分的发展之间的矛盾。发展不平衡不充分问题突出,城乡、区域发展不平衡,城乡、区域个人收入差距较大,影响人民日益增长的美好生活需要的满足。要解决现阶段我国社会主要矛盾,满足人民日益增长的美好生活需要,必须推动全体人民共同富裕取得更为明显的实质性进展,促进共同富裕。

（二）第二次对阶段教学质量所进行的纸笔评价

问题(1):未成年人是祖国的花朵,是民族的未来和希望。保护未成年人就是保护祖国的花朵,保护民族的未来和希望。"未成年人是祖国的花朵"是否可以作为"未成年人"概念的定义?从"下定义必须遵循必要的逻辑规则"角度简要回答判断依据。

回答本题可作如下思考:

"未成年人是祖国的花朵"不可以作为"未成年人"概念的定义。要下一个正确的定义,应该遵循必要的逻辑规则。定义不能用比喻,否则就会犯"比喻定义"的错误(定义必须用准确的科学术语)。把"未成年人是祖国的花朵"的表述作为"未成年人"概念的定义犯了"比喻定义"的逻辑错误。

问题(2):以下演绎推理结构是否正确?运用所学"三段论推理"有关知识简要陈述判断理由。

公共场所纵火是危害公共安全的行为。

故意泄露未成年人个人信息的行为不是公共场所纵火行为。

所以,故意泄露未成年人个人信息的行为不是危害公共安全的行为。

回答本题可作如下思考:

该演绎推理结构不正确。在前提中不周延的项在结论中不得周延,是三段论的一个基本规则。大项"危害公共安全的行为"在大前提"纵火行为是危害公共安全的行为"中不周延,在结论"故意泄露未成年人个人信息的行为不是危害公共安全的行为"中周延,犯了"大项不当扩大"的逻辑错误。

(三)评价结果

第一次参与调研的937名选修高中思政学科的学生中,能完整、准确回答本题者不足40%,学生个体回答情况差异不大。第二次参与调研的1 029名选修高中思政学科的学生中,能完整、准确回答本题者不足60%,学生个体回答情况差异较大:有部分学生能够完整、准确回答问题,而较多学生回答问题时表述不够完整,少部分学生不能有效运用相关知识回答问题。通过对阶段教学质量进行的纸笔评价了解学情,对于教师在其后的教学中进行有针对性的教学是有帮助的。

五、通过观察作业完成质量的方式了解学生认知起点

作为学科教研员,在一次对基层教师课堂教学进行调研前,我曾请执教一个班级的老师安排该班级选修高中思政学科的21名学生课前就以下这道题目做思考(因为基层学校教师要上的是一节复习课),通过观察作业质量的方式了解学生认知起点。

德国《团结报》曾推出过完全手写的头版,意在警告人们不要因为使用电脑书写而荒废了手写技能。对此,社会上存在两种看法:第一种是,电脑书写可以提高书写效率,符合时代潮流;第二种是,电脑书写使人产生依赖,造成提笔忘字,不宜过度使用。运用唯物辩证法的相关知识,分别简要评析这两种看法的合理性。

本题需运用"新事物是指符合客观规律,具有强大生命力和远大前途的事物"和"量变是质变的前提和必要准备"两种知识,对两种看法的合理性分别作出评析。

参与本次调研的21名选修高中思政的学生中,能完整、准确回答本题者不足30%。学生基本能够运用"新事物是指符合客观规律,具有强大生命力和远大前途的事物"和"量变是质变的前提和必要准备"两种知

识,结合评价情境回答问题。学生评析第一种看法时,基本能够认识到使用电脑书写是否值得肯定的问题,但部分学生未能从哲学原理对应的方法论视角表明我们应该积极促进它向前发展这一态度。在评析第二种看法时,学生基本能够认识到对电脑书写产生依赖有其弊端这种担忧是有道理的,但部分学生未能从哲学原理对应的方法论视角表明对待电脑书写我们应该坚持适度原则这一态度。通过对阶段教学质量进行的纸笔评价了解学情后,教师开展基于认知起点的教学,其成效将是不言而喻的。

第三章 创设教学情境，提高学习有效性

　　在情境教学中，为实现教而让学引发学生真实学习，教师要根据教学的要求创设教学情境，引导学生在教学情境中开展自主学习、合作学习与探究学习，促进学生自主建构知识体系，从而促进自身成长。

　　从根本上来看，思政课教学中创设情境是为了提高思政课教学的有效性。因此，教学情境创设应紧扣思政课教学内容，鲜明地体现思政课的学科特点；应有助于促进学生合作学习、探究学习；思政课教师既需要考虑创设怎样的情境才更有利于实现教学目标，也需要考虑所创设的教学情境是否切实可行；应充分考虑教学内容、学生实际、教学方法及教学资源现状，使得教学情境下的教学组织不流于形式，使学生能够在教师创设的教学情境中积极主动地学习，促进学习的真正发生。

第一节　教学情境：核心概念、
内涵阐释与主要种类

一、从教育情境到教学情境

（一）教育情境与教学情境

朱立元在《美学大辞典》中将"情境"界定为：一般世界情况的具体化，即人物具体活动并展开矛盾冲突于其中的具体环境。[①] 人类的任何活动，无论是思维活动还是实践活动，都是在一定的情境中进行的，教育活动也是如此。一般认为，美国教育学家杜威（Dewey）首先提出教育学中"情境"的概念。"情境"理论不仅在杜威整个教育哲学思想体系中具有重要地位，而且在杜威之后的建构主义者、学习环境理论者那里，其学术地位也举足轻重。杜威主张让学生"做中学"，认为良好的情境是教与学的开端，学生在情境中的学习是最有效的。思维发生在仍在进行之中且还不完全的情境中。"经由杜威阐释的'情境'，揭示出深层的哲学意蕴：一是批判了形式逻辑的教条式论证，并对传统逻辑进行了科学化的改造；二是重建了经验概念；三是表达了'参与者'知识观对'旁观者'知识观的驱逐。"[②]

简单来说，教育情境就是教育的情境，教育情境的基本属性是指教育事件必须发生在特定教育主题的环境与背景之中，具体是指：其一，教育情境中具有教育者与受教育者两个主体，主体之间发生着教育的行为。[③] 其二，教育情境特指教育事件发生、发展时的条件和环境。当然，教育事件的发生、发展与周围的条件和环境之间是相互影响的关

---

① 朱立元.美学大辞典：修订本[M].上海：上海辞书出版社,2014：393.
② 严奕峰,李祺.情境的哲学意蕴：源自杜威的阐释[J].教育研究与评论,2020(1).
③ 马克斯·范梅南.教学机智——教育智慧的意蕴[M].2版.李树英,译.北京：教育科学出版社,2014：70.

系。① 不难理解，开展情境教育需要在教育情境中进行，如果离开了教育情境这一有效载体，情境教育将无从进行。

教学情境是指具有一定情感氛围的教学条件和环境，是"构成教学这一活动并使师生之间的教学体验成为可能的各种细节和条件的总和"②。李玉明认为，教学活动属于教育活动中的一个部分。因此，在概念的类属关系中，教育情境与教学情境具有包含关系，教学情境是教育情境的真子集。③ 不过，在情境教育与情境教学出现的时间顺序上，有观点认为，情境教学出现在情境教育之前。从公开资料对我国著名儿童教育家、小学语文特级教师李吉林的介绍中不难看出这一点：从小学语文情境教学到情境教育、情境课程，创造性地把儿童的情感活动和认知活动巧妙地结合起来，极大地调动了学生的学习积极性。

（二）情境教学法：为学习的发生与开展创设场景

李吉林借鉴我国古代"境界学说"，吸收了传统的读写和直观教学等因素，创立了情境教学法。她认为，语文的情境教学是指从"情"与"境"、"情"与"辞"、"情"与"理"、"情"与"全面发展"的辩证关系出发，创设典型场景，激起儿童热烈的情绪，把情感活动与认知活动结合起来的一种教学模式。④

在有的研究者那里，"情景教学法"似乎表达的即是"情境教学法"。王珍认为，"情景教学法是根据所要讲授的教学内容，运用多种手段，巧妙创设教学情境，再现社会生活的典型场景，从而激发学生的学习兴趣，充分发挥学生的积极性、主动性，并通过教师的指导使学生自觉接受思想政治教育的一种教学方法"。⑤尽管她谈论的对象是高校的学生，但这里的"情景教学法"适用于所有的青少年学生。因为在这里，

---

① 李玉明.教育情境与教育叙事情境的逻辑关系[J].教学与管理，2022(21).
② 吴小鸥.教学场论[M].长沙：湖南师范大学出版社，2007.
③ 李玉明.教育情境与教育叙事情境的逻辑关系[J].教学与管理，2022(21).
④ 李吉林，田本娜，张定璋.李吉林"情境教学—情境教育"[M].济南：山东教育出版社，2000：13－14.
⑤ 王珍.试论情景教学法在高校思想政治理论课中的应用[J].河南教育(中旬)，2011(12).

实施"情景教学法"的目的和实施"情境教学法"是一致的:"创设情境是情景教学法的核心。教师只有设计出合适的情境,才能吸引学生的兴趣,把学生的积极性和主动性调动起来,使学生参与教学,进而实现教学目标。"①她同时认为,在完成相应的教学任务中,情境教学只是作为一种教学方法,为教学任务和教学目标服务而存在的,是教学手段而不是教学目的。

思想政治课情境教学法可以理解为,在思政课教学中,依据教育教学规律、学生成长规律和认知规律,创设符合教学需要的真实情境,营造良好的学习环境,激发学生的思维,调动学生学习的积极性与主体性,吸引学生积极主动地参与课堂学习,激发学生产生积极的情感体验,帮助学生在教学活动中形成正确价值观念、必备品质和关键能力的一种思政课教学方法。

二、教学情境的主要种类

开展情境教学需要创设教学情境。创设情境是在模拟生活,使课堂教学更接近现实生活。总体来看,构建"问题情境—建立模型—解释、应用、拓展"的基本教学模式,应该说是课堂教学的重要形式。

余文森在《论情境教学的教学论意义、类型及创设要求》一文中提出,根据情境创设的依据,可以把情境分为以下几种类型:(1)通过实物创设的情境;(2)通过图像创设的情境;(3)通过动作(活动)创作的情境;(4)通过语言创设的情境;(5)通过新旧知识和观念的关系和矛盾创设的情境;(6)通过背景知识创设的情境;(7)通过问题创设的情境。② 掌握与运用好教学情境的种类,抓住教学情境的实质和功能,对于引发真实学习颇为重要。

---

① 王珍.试论情景教学法在高校思想政治理论课中的应用[J].河南教育(中旬),2011(12).
② 余文森.论情境教学的教学论意义、类型及创设要求[J].中小学教材教学,2017(1).

三、教学情境创设,实现教而让学引发真实学习

我国当前有效开展情境教学的情况尚不够理想。不难想见,通过有效开展情境教学实现教而让学引发真实学习的情况亦是如此。我们的学习经验告诉我们,将学习与真实情境联系起来,学习才有可能发生,学生所学也才能被有效地运用到问题的解决之中。因此,我们需要将教学与生活联系起来,实现课堂与生活的有机结合,创设紧密关联生活的教学情境。

人本主义理论与建构主义理论都为开展情境教学提供了相关理论依据与重要启示,而情境认知理论(Situated Cognition)对揭示开展情境教学的内在机理则更为直接。情境认知理论形成于 20 世纪 80 年代中后期,是继行为主义"刺激—反应"学习理论与认知心理学的"信息加工"学习理论后,与建构主义大约同时出现的又一个重要的研究取向。情境认知理论强调:学习的设计应该以学习者为主体。[①] 情境认知理论站在对传统学校的批判角度,提出"学习是知识的建构,是意义的制定"的观点,从而对人的学习本质的认识不断深入。

(一)开展情境教学有助于促进转变学习方式,促进教而让学引发真实学习

《课程标准》在"基本理念"部分提出:"要通过问题情境的创设和社会实践活动的参与,促进学生转变学习方式,在合作学习和探究学习的过程中,培养创新精神,提高实践能力。"[②]有观点认为,"学习的过程不只是被动地接收信息,更是理解信息、加工信息和主动建构知识的过程"。[③]这种建构过程需要通过新旧经验的相互作用才能实现。合适的情境对学生温故知新是有益的,因为它可以提供学习素材和信息,有助于学生体验知识发生与发展的过程,有助于学生主动探究与发散思考,

---

①　姜乔.基于情境认知理论的地理教学情境设计[J].地理教学,2019(3).
②　中华人民共和国教育部.普通高中思想政治课程标准(2017 年版 2020 年修订)[S].北京:人民教育出版社,2020:3.
③　范娟.教育学视野下的情境教育研究[J].济南职业学院学报,2014(2).

从而有利于学生认知能力与思维能力的发展,促使学习达到较高的水平。

开展情境教学显然不是为情境而情境,其目的不仅是让学习者经历建构性学习过程,而且是让学习者形成在新情境中迁移运用所知所学的能力。正如《课程标准》在"实施建议"部分提出,学生的活动体验是其思想政治学科核心素养发展的重要途径。①

（二）开展情境教学符合学生认知特点,有助于促进教而让学引发真实学习

"认知需要情感,情感促进认知。知识总是在一定的情境中产生和发展的,具有情境性。"②离开情境教学的支持,学科教学将难以更加生动、有趣。"情境认知理论强调引发学习者的主动学习动机,为学习者提供多元的学习资源。例如,设计有趣、真实的问题情境,提供适当的示范、指导,让学生在学习过程中产生意义感与成就感,借以引发其学习动机。"③

在思政课教学中,实施情境教学有助于提高学生的学习兴趣,激发学生的学习热情。围绕教学内容、时政热点等创设教学情境,借助多媒体和参与式的活动等加以展现,能够促进学生主动学习,促进教而让学引发真实学习。

（三）开展情境教学促进理论联系实际,有助于教而让学引发真实学习

理论联系实际是思政课教学的重要原则。适切的教学情境所提供的不仅是生动、丰富的学习材料,还提供了学习中应用知识的机会,促进了知识、技能和体验之间的连接,促进了所学向观察问题、分析问题与解决问题的运用迁移,让学生在丰富的实践活动和生动的应用中进一步认识知识的本质,理解、掌握与灵活地运用所学的知识,吸引学生的学习专注

---

① 中华人民共和国教育部.普通高中思想政治课程标准（2017年版2020年修订）[S].北京：人民教育出版社,2020：41.
② 张志杰.刍议化学课堂教学有效性的提高[J].中学教学参考,2016(17).
③ 刘义,高芳.情境认知学习理论与情境认知教学模式简析[J].教育探索,2010(6).

力,引发真实学习,培育学生学科核心素养。

第二节 思政课教学情境创设:
从观念变革到实践应用

一、创设教学情境,实现教而让学引发真实学习

应该说,在有效的课堂教学过程中,学生的活动是在教学情境下开展的学习活动。在教学中创设丰富多样的学习情境,可以为学生的真实学习的引发创设多种多样的条件,提供各种机会。

当前,随着新课程标准的推行和统编教材的推广,作为重要的新课改理念,在教学中注重创设学习情境已渐成共识。在《普通高中思想政治课程标准(2017年版)》颁布之后的短短几年时间,在教学中注重创设学习情境已经引起了教师们的高度关注,并成为各级各类培训的重要内容。我们不仅要清晰地认识到我们在教学中需要创设教学情境,而且需要关注如何创设教学情境。

脑科学研究认为,人脑左右两半球既有分工又有合作,左半球掌管逻辑、理性和分析,右半球负责直觉、创造力和想象力。[①] 情境教学实现了大脑两半球协同工作,大脑的潜在能量便得到了挖掘。

在情境教学中,为实现教而让学引发真实学习,教师要根据教学的要求创设教学情境,引导学生在教学情境中开展自主学习、合作学习与探究学习,促进学生自主建构知识体系,从而促进自身成长。实现教而让学引发真实学习的教学情境创设具有激发学生学习动力的功效。第斯多惠说,教学的艺术不在于传授本领,而在于激励、唤醒和鼓舞。赞科夫也强调指出,一种教学法能触及学生的情绪和意志领域,触及学生的精神需要,这种教学法就能发挥高度有效的作用。[②]

---

① 李吉林.情境教学的理论依据[J].人民教育,1991(5).
② 赞科夫编.教学与发展[M].杜殿坤,张世臣,等,译.北京:人民教育出版社,1985:106.

二、创设教而让学引发真实学习的教学情境的原则

（一）真实性原则

在创设教学情境时,应尽可能地使所创设的情境是真实的或接近于真实的。一定程度上,创设教学情境就是在模拟现实生活,使课堂教学更加贴近现实生活。《课程标准》提出,要"创设丰富多样的教学情境,引导学生面对生活世界的各种现实问题"。①"评价要将过程性评价与终结性评价相结合,着重评估学生解决情境化问题的过程和结果,反映学生所表现出来的思想政治学科核心素养发展水平。"②要想让学生的学习活动真实发生,真正透彻地理解和掌握学科知识、形成能力,并将在思政课上学到的知识、形成的能力等学科核心素养有效地运用到当下与未来的生活之中,即情境化问题的解决之中,学以致用。情境教学无疑是连接书本知识、课堂上形成的能力等学科核心素养与现实生活的重要桥梁。在这个意义上,真实性原则也可以理解为理论联系实际原则。

（二）基于认知起点原则

在课堂教学中,教师在创设教学情境时应充分考虑学生的认知起点,所设计问题的深度既要考虑学生已有的认知水平,考虑是否能够激发学生的积极思考,又要略高于学生已有的知识经验水平,具有一定的思维含量,需要经过一定思考才能解决问题。这样的学习情境创设才是有意义的。"教学情境更强调创设的情境与学生已有生活经验的关联,注重从学生熟悉的场景或者已经具备的生活经验中提出新问题、引出新思考。"③不会产生任何认知改变甚至冲突的学习内容,由于无法促进学生学有所得,难以引发真实学习,因此可能既不值得花费大量时间教

---

① 中华人民共和国教育部.普通高中思想政治课程标准(2017 年版 2020 年修订)[S].北京:人民教育出版社,2020:43.
② 同上书,第 41 页。
③ 李晓东.教学情境与命题情境的区分及其意义——基于《普通高中思想政治课程标准》的文本分析[J].中国考试,2020(1).

学,也不值得为之创设教学情境。

值得强调的是,教师创设的教学情境要充分考虑学生的认知起点,内在地包含学生的形象思维与抽象思维、感性认识与理性认识的已有水平。换言之,教学情境的创设需要我们关注形象思维与抽象思维、感性认识与理性认识以及旧知与新知的关系和矛盾。我们所创设的教学情境,应当不仅能基于认知起点有效地丰富学生的感性认识,还能促进感性认识上升为理性认识;既能基于认知起点帮助学生获得更多的知识、技能等,又能促使学生形象思维与抽象思维的共同、协调发展。

(三) 体现学科特点原则

教学情境创设需要紧扣思政课教学内容,鲜明地体现思政课的学科特点。《课程标准》提出,"围绕议题,指导、组织富有成效的活动"①。这是从学科特性角度对情境提出的要求。活动型学科课程是本轮课程改革中思想政治课的亮点之一,也是这一学科改进教学方式的重要表现和形式。案例选择与情境创设,也必然要凸显对于这一亮点的关注,通过情境创设,呈现和推进议题。

思政课教学情境应是能够体现思政课知识产生、发展过程的一个事物或场景,这个事物或场景能够体现思政课知识应用的条件,也能够体现思政课知识的生活意义与价值。强调思政课学科属性,意味着要利用思政学科的政治性、思想性来创设思想政治学习情境等。比如,思政学科学习情境创设的目的应该有别于历史学科。在教学中国道路的历史选择时,思政学科创设教学情境的一个目的是重在阐明中国共产党执政既是历史的必然,也是人民的选择的政治学原理,培育政治认同、科学精神等学科核心素养;而历史学科创设教学情境的一个目的则重在引导学生了解共产党执政的历史背景,培育时空观念、史料实证等学科核心素养。

---

① 中华人民共和国教育部.普通高中思想政治课程标准(2017 年版 2020 年修订)[S].北京:人民教育出版社,2020:46.

（四）促进学生合作学习、探究学习原则

在教学中创设真实教学情境，是时代要求，学生应当具备在真实情境中分析问题、解决问题的能力；同时，由于一些复杂情境导致的任务的复杂性，需要学生适时运用集体的智慧，相互协作、共同探究来攻坚克难。因此，教师在创设情境时，除了要充分考虑创造机会让学生自主学习外，还要考虑是否能够创造条件，为学生开展小组合作学习、探究学习提供机会，以便通过小组成员之间的交流、协作与探究，共同克服学习中出现的困难。可以这样说，越是能够吸引学生积极投入学习的教学情境，能够给予学生积极主动学习时空的教学情境，越是有助于引发真实学习。如果教师围绕教学目标，在创设教学情境时既能考虑到面向全体学生，也能兼顾到个体差异，引导学生从不同角度进行思考，就能让全体学生都拥有适合自己的学习、思考和表达的内容。

（五）适切性原则

思政课教学情境的适切性是指思政课教师在创设教学情境时，既需要考虑什么样的情境有利于实现教学目标，又需要考虑所创设的教学情境在实际教学过程中的展开是否切实可行。因为只有适切的教学情境才能支持教学目标的实现。"教学情境与社会现实是密不可分的；因此，在实施情境教学的过程中，不能'为情境而情境'，更不能创设学生无法理解的'假情境'和无法在教学中展开的'大情境'。"①思政课教学情境的适切性需要教师在创设教学情境时，充分考虑教学内容、学生实际、教学方法与教学资源现状，使得情境教学下的教学组织不流于形式，学生在教师创设的教学情境中能够积极主动、有效地开展学习，从而促进学习的真正发生。

---

① 李晓东.教学情境与命题情境的区分及其意义——基于《普通高中思想政治课程标准》的文本分析[J].中国考试,2020(1).

第三节　教学情境创设举隅

一、新授课中创设教学情境

以"实现中华民族伟大复兴的中国梦"一课教学为例，在探究"为何要提出实现中华民族伟大复兴的中国梦"这一问题时，可创设如下教学情境：

教师课前布置学生搜集古代中国的辉煌历史，观看《百年潮·中国梦》。《百年潮·中国梦》共分五集：《百年追梦》《中国道路》《中国精神》《中国力量》《筑梦天下》。课堂教学中播放《百年追梦》片段，聚焦中华民族屈辱史，提出问题：2012 年 11 月 29 日，习近平总书记率中央政治局常委同志等到国家博物馆参观《复兴之路》展览，提出实现中华民族伟大复兴的中国梦。习近平总书记为什么要提出实现中华民族伟大复兴的中国梦？

在探究"习近平总书记为什么提出实现中华民族伟大复兴的中国梦"这一问题时，可创设如下教学情境：

中华民族是世界上伟大的民族，有着 5 000 多年源远流长的文明历史，为人类文明进步作出了不可磨灭的贡献。1840 年鸦片战争以后，中国逐步沦为半殖民地半封建社会，国家蒙辱、人民蒙难、文明蒙尘，中华民族遭受了前所未有的劫难。

通过引领学生阅读情境材料，教师引导学生水到渠成地得出"只有创造过辉煌的民族，才懂得复兴的意义；只有经历过苦难的民族，才对复兴有如此深切的渴望"的深刻道理。这样的教学情境也能促进学生发自内心地深刻认同提出实现中华民族伟大复兴的中国梦的重大意义，并能激发学生投身实现中国梦这一历史洪流之中的强烈情感。

探究中国梦与个人梦的关系时，可创设如下情境：

十年前，十八洞全村贫困发生率一度高达 57%，村民人均纯收入仅 1 668 元，集体经济空白。杨正邦见证过当时艰难的日子。"耕地少，种田一年到头也没什么收入。没有路,外面的人也进不来。"

那时,村里有能力的人纷纷外出谋生,杨正邦也是其中之一。他去沈阳开过搅拌机,到宁波维修过信号塔。青壮年劳动力的流失,使十八洞村陷入"贫困逼人走,人走更贫困"的恶性循环。一些人指望靠政府救济过日子。

党的十八大以来,湖南全省上下坚持精准扶贫、精准脱贫基本方略,"实事求是、因地制宜、分类指导、精准扶贫"的理念也在十八洞村落地开花。扶贫工作队进驻十八洞村,挨家挨户为贫困群众"量身定制"帮扶措施,搭建平台,创造脱贫致富的条件。

村里的优势资源不断地被开发出来。村民们说,十年来最大的收获是把"种什么、养什么、从哪里增收"的问题弄明白了。十八洞村党支部书记施金通介绍,全村形成了旅游、山泉水、劳务、种养、苗绣五个产业,村民的日子如同芝麻开花节节高。2016年,十八洞村成为湖南首批脱贫出列的贫困村。"这些产业不仅使我们成功脱贫,也为后续乡村振兴提供了有力支撑。"施金通说。在产业壮大的同时,十八洞村的建设改造也遵循"修旧如旧"的原则,苗寨风貌在变化中得到了保护和提升。……基础设施的改善和产业的发展,使村里出现"人才回流"。回乡的村民中,既有杨正邦这样长年在外打工的中年汉子,更有许多朝气蓬勃的年轻人。(谭剑,张玉洁,等.十八洞村的"十年之变"[EB/OL].新华社客户端.2022-07-23.)

探究"中国梦也是世界的梦"时,可创设如下情境:

贫困和反贫困一直是全人类共同关注的重要问题。过去70多年,中国是唯一实现了经济较快增长和大规模减贫同步的发展中国家,对世界减贫贡献率超过70%。到2020年,我国近一亿贫困人口全部实现了脱贫,有力推动了全球的减贫进程。

我国也积极通过各种方式,向世界分享我们的减贫经验。比如,在2020年"联合国2030年可持续发展目标与中国减贫经验"线上研讨会上,我国就分享了我们的实践方案。

除此之外,我国还通过直接和间接投资的形式,比如"一带一路"建设,拉动沿线国家和地区的经济发展,帮助其他国家和地区的人民改善生活条件,摆脱贫困,在力所能及的范围内承担更多的国际责任和义务。

二、复习课教学中创设教学情境

尽管目前高中思政课复习课教学中,部分课堂教学将教材里的"探究与分享"部分的一些内容设置为教学情境,但总体来看,教学情境的设置还不普遍,有些时候课堂教学甚至仅仅是知识的简单再现。这需要在教学中注重设置教学情境,开展教学活动,引导学生参与课堂学习,以期引发学生的真实学习。比如,在高三复习课进行"量变与质变的辩证关系"知识教学时,不应简单地再次介绍"量变与质变的辩证关系"是什么,而是可设置如下情境,请学生在特定情境中思考问题。

党的十八大以来,中国减贫事业取得巨大成就,对世界减贫进程作出了重大贡献。在第六个国家扶贫日到来之际,李克强总理指出,继续动员全社会力量参与脱贫攻坚,各方面形成合力,确保完成今年(2019 年)再减少 1 000 万以上贫困人口的任务,为 2020 年打赢脱贫攻坚战、全面建成小康社会奠定坚实基础。

表8　十八大以来的 6 年间全国农村脱贫(部分)情况统计表

	全国农村贫困人口	贫困发生率
2012 年末	9 899 万人	10.2%
2018 年末	1 660 万人	1.7%
6 年累计	减少 8 239 万人	下降 8.5%

注:贫困发生率也称贫困人口比重指数,指的是低于贫困线的人口占全部人口的比例。

运用"量变与质变的辩证关系"相关知识评析,"确保完成 2019 年再减少 1 000 万以上贫困人口的任务,为 2020 年打赢脱贫攻坚战、全面建成小康社会奠定坚实基础"的合理之处。

通过引导学生在特定情境中运用党的领导相关知识分析问题，我们得出对问题的以下回答：

事物的发展有一个从量变到质变的过程，量变是质变的必要准备，质变是量变的必然结果。我们要重视量的积累，不失时机地促成事物的飞跃。

十八大以来的 6 年间，我国脱贫工作取得了巨大成就，是量的积累过程。但截至 2018 年末，1 660 万贫困人口、1.7% 贫困发生率的存在，与打赢脱贫攻坚、全面建成小康社会尚有距离。确保完成 2019 年再减少 1 000 万以上贫困人口的任务这一量变的实现，将为 2020 年全面建成小康社会奠定坚实基础。确保 2019 年完成减少贫困人口的任务是打赢脱贫攻坚、全面建成小康社会的必要准备，打赢脱贫攻坚、全面建成小康社会是确保 2019 年完成减少贫困人口的任务的必然结果。在全面建成小康社会收官之年，我们需要脚踏实地、真抓实干，打赢脱贫攻坚战，促进全面建成小康社会的实现。

三、在时政课教学中创设教学情境

应该说，时政素材本身就是"情境"。我们所要做的一个主要的工作是对素材进行改造、重塑，使其适应教学内容，有利于设计出能够推导出与教学内容相关的结论，便于实现教学目标。

以"民法典"教学导入为例，创设如下情境：

近期，未成年人参与网络付费游戏，偷偷充值高额网络游戏币、高额打赏网络直播事件频发，父母发现后能否要求涉案公司或人员全部返还？

从生活入手，从社会热议话题导入本课教学，激发学生对民法典学习、探究的兴趣。比如，在本案例情境中，父母发现后能否要求涉案公司或人员全部返还，需根据不同未成年人的民事行为能力类型区别看待。

第四节 走向田野：在社会实践
情境中引发真实学习

一、开展社会调查课程学习，培养学生社会实践能力

作为综合素质评价的重要组成部分，上海一度要求高中学生在十二年级第一学期完成社会调查课程学习，并需要按照相关要求完成社会调查报告。这是培养学生社会实践能力、培育学科核心素养的有益举措。近年来，学生也可以选择完成更广泛意义上的课题研究。比如，学生可以选择完成实验类的课题研究等，而不必一定去做社会调查。社会调查课程学习内容的丰富性、社会调查课程需要走向田野的特点、社会调查报告完成方式以及十二年级的学业特点，决定了完成课程学习或许需要相对较长的时间跨度与合理的课时配置。社会调查课程学习如贯穿整个高中阶段，不仅有助于将这个课程学习连贯地实施起来，在社会实践情境中引发真实学习，也有助于切实培养学生社会实践能力，培育学科核心素养。教学实践中，一些社会调查报告从酝酿选题到最终完成，在时间跨度上确实横跨了高中的前五个学期。这种做法是可取的。事实上，统编教材中设置的"探究与分享"等环节设计和《课程标准》关于学习评价与保障措施的规定，为社会调查课程学习贯穿整个高中阶段提供了现实可能性。

2015年5月，上海市教育委员会发布了《〈上海市中学思想品德和思想政治课程标准（征求意见稿）〉调整意见》（下文简称《课程标准调整意见》）。《课程标准调整意见》的第四模块即社会生活综合模块，对社会调查专题作了学习内容、学习水平的规定，并提出了相应的活动建议。表9仅列出《课程标准调整意见》关于社会调查课程的学习内容、活动建议。

表9 《课程标准调整意见》关于社会调查课程的学习内容与活动建议

主 题	学 习 内 容	活 动 建 议
社会调查	社会调查的基本方法 中学生社会调查研究的选题 问卷调查的基本步骤 中学生社会调查研究报告撰写的基本规范 结合社会热点,选择一个主题开展社会调查,运用所学的经济、哲学、政治常识分析、评价,撰写研究报告	结合高中思想政治教材的"实践与探究"、学科社会实践活动或社会重大时事政治专题学习,选择一个主题开展社会调查,撰写研究报告

　　教材"实践与探究"环节设计为社会调查课程学习的时间跨度与课时配置提供了灵活安排的空间。现行高中思想政治课教材学习模块是较为丰富的,比如,每一课都设计了"实践与探究"环节。我们不难发现,贯穿十年级、十一年级教材的"实践与探究"环节设计,是进行社会调查专门知识学习、素材收集、观察角度确立的良好载体。事实上,结合高中思想政治教材的"实践与探究"活动,选择一个主题开展社会调查,撰写研究报告,也是《课程标准》关于活动型课程教学提出的教学建议。基于此,即使在十年级和十一年级不系统地进行社会调查课程专门知识的教学,也可进行社会调查课程知识学习与实践的渗透。

二、社会调查课程走向田野,有效引发真实学习

　　社会调查课程是将所需学习的知识和社会实践紧密结合的一门课程,注重在深入社会生活中观察社会、发现问题、确立社会调查选题,注重搜集、分析在田野调查中获得的第一手资料。站在学科的角度,运用学科知识和学科视野对社会现象(包括社会变迁)进行观察与分析,这既是完成社会调查的一个特点,也是完成社会调查课程学习必不可少的重要环节甚至是关键环节,还是培育政治认同、科学精神、法治意识和公共参与

学科核心素养的重要环节。比如，撰写社会调查报告面临的一个重要问题是：选题如何确定？一般而言，富有一定价值、能表达学生真情实感的社会调查报告选题的确定离不开两个基础性因素：其一是学生较大量的阅读，其二是学生对社会现象有意识的观察。在亲身参与社会实践活动中进行社会观察和社会调查，通过"走向田野"，获得丰富的感性认识，并将之上升为理性认识，不仅符合认知的一般规律，也是培养学生社会实践能力、培育学科核心素养的重要途径。这也将推动学生有效开展学习，促进学习的真正发生。

社会调查报告的完成方式决定了课程学习有其时间跨度，有助于实现教而让学引发真实学习。如果说社会调查课程关于社会调查的一些理论知识的学习可以在课堂上得以良好完成的话，那么对社会调查选题的确定，问卷的设计与发放，数据的收集、整理与分析，直至调查报告的撰写，一般不适合于在课堂上完成，而更适合学生在类似于家庭这样一个拥有个人空间和个人电脑，可以铺展调查材料，运用电脑整理、生成相关数据（包括电子文稿的形成）等的场所完成。不仅社会调查报告选题的确定需要研究者走向社会，需要独立于课堂之外的时间，对于数据的收集、整理与分析，直至调查报告的撰写，一般也需要相对集中的整块时间，被分割开来的课堂学习时间并不适合完成此类学习任务。这将要求并促使学生合理安排时间，在对自主学习提出要求的同时也提供了机会，也将有助于实现教而让学引发真实学习。

三、将社会调查课程学习贯穿整个高中阶段的具体设想

十年级：通过恰当的教学活动，帮助学生明确社会调查课程学习任务，掌握社会调查的基本方法，学习如何进行社会调查研究的选题规划。

其一，在十年级学习活动开展伊始，可通过教学帮助学生明确高中阶段需要完成社会调查课程的学习任务，明确本课程的学习内容、学习水平、活动建议、课时安排、保障措施等，让学生做到心中有数，目标明确，以便更好地引导学生理解开展中学生社会调查课程学习的意义。其二，帮

助学生掌握社会调查的基本方法,了解中学生社会调查研究的选题。在教师的引导下,可利用十年级暑期开展文献阅读,投身社会实践,开展社会观察,进行相关积累。其三,尝试初步进行社会调查的选题规划。通过教学,引导学生规划选题,并对一些符合要求、有可能完成、具有一定研究价值的选题作出思考,初步确立今后的研究方向。

十一年级:帮助学生掌握问卷调查的基本步骤,掌握中学生社会调查报告撰写的基本规范。

其一,通过教学,帮助学生进一步巩固社会调查的基本方法等知识。其二,通过教学,帮助学生掌握问卷调查的基本步骤,学习、掌握中学生社会调查报告撰写的基本规范,通过研读一定数量的社会调查报告,揣摩规范撰写中学生社会调查报告的要求。其三,引导学生确定社会调查主题。教师可帮助学生在文献阅读、社会观察的基础上,利用十一年级暑期,进一步开展社会观察,确定社会调查主题。教师应在学生确定研究主题过程中提供教学帮助。

十二年级:学生运用所学学科知识分析、评价在社会调查中获得的材料,撰写研究报告。

其一,通过十年级、十一年级的学习,在学生基本掌握了社会调查的基本方法、中学生社会调查研究的选题、问卷调查的基本步骤、中学生社会调查报告撰写的基本规范内容后,教师引导学生运用所学的政治、经济、哲学等知识分析、评价学生在社会调查中获得的材料等。其二,规范地撰写研究报告。其三,教师对学生撰写的调查报告进行审阅,提出修改建议,学生随之作出修改,最终完成社会调查报告的撰写。

当然,这里关于社会调查课程学习时间跨度和课时配置的设想也许并不适合每个学生。如果一个学生愿意从高一时就考虑社会调查报告的撰写,这当然是可取的;但如果有学生希望完成社会调查报告的时间相对集中一些,也未尝不可。重要的不在于社会调查报告完成时间的长短,而在于经过社会调查报告的完成,推动学生在社会大课堂这一真实情境中引发真实学习,培育学科核心素养。

第四章　教学互动,让学生
成为学习的主体

　　一般而言,教学互动作为一种交往与沟通的方式,是指围绕一定的教学任务,师生相互交流、相互促进、共同探讨的一种教学组织形式。"互动"不仅包括有效的师生互动、生生互动、学习个体与教学中介的互动,还包括人与环境的交互影响。

　　让学生成为学习的主体,有助于激发学生学习的积极性、主动性和创造性,引发真实学习。在"任务驱动"实现教学互动方式中,对课前、课中和课后布置的学习任务,要让学生积极主动探索,充分调动学生的思维,凸显学生学习的主体地位。教师在这一过程中应当发挥积极的引导作用,促进真实学习的发生。

第一节　教学互动：主题溯源、核心概念和内涵阐释

一、教学互动的内涵

在《论语·述而》中，孔子提出："不愤不启，不悱不发。举一隅不以三隅反，则不复也。"与孔子几乎同一时代的苏格拉底，主张教学不是将现成的结论硬性灌输或强加于对方，而是与对方共同讨论以得出正确结论。

有观点认为，互动教学是在孔子的"启发式"和苏格拉底的"助产术"基础上，经由历代教育家对其教学经验的积累与升华而发展形成的。值得一提的是，在"互动教学"（教学互动）这一主题上，历代教育家们的探索丰富了其内涵，不断加深对其规律的认识，贡献了很多真知灼见。比如，亚里士多德主张教师不要把"思想的成衣"教给学生，而是要让学生自己学会"思想服装的剪裁"。[1] 19 世纪德国教育家第斯多惠说，一个坏的教师奉送真理，一个好的教师则教人发现真理。"教人发现真理"的教学过程离不开有效的教学互动。

创立于 20 世纪 30 年代的互动理论，在六七十年代曾经盛行一时。进入 21 世纪以来，互动理论依然是一个有着很大影响的社会理论流派。互动理论是研究人身心发展动因的基本观点之一，它的主要理论基础是心理学关于人性和人的社会性的理论。互动论认为，人的发展是个体的内在因素与外部环境相互作用的结果。

对教学互动内涵的研究成果颇丰，对教学互动的概念要进行一个比较一致的界定并不容易。但可以肯定的是，教学是一种互动行为，教学互动符合社会互动的一般原理。有研究认为，教学互动"是在教师和学生的

---

[1] 赵祥麟.外国教育家评传：第一卷[M].上海：上海教育出版社，1992：61.

共同参与下进行的,是师生之间、学生个体与个体之间、学生群体与群体之间借助教学内容而进行的生命与生命的交往与沟通"①。有学者提出:"作为一种主体性的教学方式,互动教学以讨论、探究和对话的方式,形成师生之间的思维碰撞,达成思想和智慧的共识,实现知识的意义建构,以促进人的主体性不断生成、张扬、发展与提升。"②

一般而言,教学互动作为一种交往与沟通的方式,是指围绕一定的教学任务,师生相互交流、相互促进、共同探讨的一种教学组织形式。"互动"不仅包括有效的师生互动、生生互动、学习个体与教学中介的互动,还包括人与环境的交互影响。

二、教学互动: 实现教而让学引发真实学习的内在机理

"人的本质不是单个人所固有的抽象物,在其现实性上,它是一切社会关系的总和。"③学习过程是学生与环境的一种交互过程,教学互动则是这种交流与沟通的一种典型体现。如果说孔子的"启发式"和苏格拉底的"助产术"或多或少有了教学互动意味的话,那么尽管彼时的"教学互动"可能更多的是这一教学思想的雏形和精神内核,但这样的教学形态的出现令人深思。作为教学的策略,这种教学形态的出现绝不会是偶然的,一定有其发生的内在机理。

(一) 教学互动理论依据: 以群体动力论和建构主义学习论为视角

群体动力理论认为,群体的本质就是促使群体成为一个"动力整体"的成员之间的互赖。当然,这种互赖通常由共同目标而创设。合作学习是最重要的课堂情境,学生之间的合作应当成为现代课堂教学的主流。

学习具有社会互动性。建构主义学习论强调学习的社会互动性。知

---

① 刘桂芹.语文互动教学模式的理论基础[J].山东商业职业技术学院学报,2005(2).
② 孙泽文.互动教学: 理论基础、实施原则和相关策略[J].内蒙古师范学院学报(教育科学版),2007(10).
③ 马克思恩格斯选集: 第一卷[M].北京: 人民出版社,2012: 135.

识学习要在与环境的互动中完成。建构主义认为，知识是经验的重组与重新构建。真实自然的教学互动正是教而让学引发真实学习的过程，为学习者提供宝贵的体验过程，促进学习行为的真实发生。"在单向传播课堂中……教师充当'演讲者'的角色，学生则成了'沉默的羔羊'，只能被动地吸收信息。"①而在良好的互动情境下，师生之间、生生之间彼此尊重、民主对话，将会使课堂成为师生生命涌动的场所，成为师生共同成长的生活世界。

支撑教学互动的理论并不只有群体动力论和建构主义学习论。比如，"认知—发现说"中也可以发掘出教学互动的理论因子。当代美国研究儿童认知发展和认知学习的心理学家、教育家布鲁纳（Bruner）认为，教师应该遵循学生的学习规律进行教学，符合这一规律的教学方法就是结构教学观。学习结构就是学习事物怎样相互联系。显然，学习事物怎样相互联系不能离开学习者与环境的交互。不难想见，如果没有良好的教学互动，发现学习的目的可能就难以实现。毋庸置疑，教学互动是值得提倡的有效教学形式。

（二）教学互动：在双向奔赴中实现教而让学引发真实学习

对学生而言，重要的不是满足于自己作为名义上的学习主体之地位，而是要在真正认识学习主体含义的基础上，切实发挥学习主体的应有作用。教学互动是一场双向奔赴。有效教学离不开教师的有效引导，但不是教师代替学生学习，而是给学生提供主体性发展所需的良好的外部条件。学生自觉肩负起学习的重任才是关键，充分发挥他们的学习主体作用，学会学习，学会自己思考、自己研究，从而发展其主体性。教师教、学生学这种"教—学"的单向式教育活动应该被摒弃，因为在这种单向式教学中，学生往往被视为无知、待装的"空瓶"，只是无条件地接受教师的灌输，学生的主体地位未能得以体现。换言之，教师没有给予学生学习的机会，未能实现教而让学引发真实学习。

①　曹荣誉.教学互动：支持因素与实施策略[J].临沂师范学院学报,2004(4).

要让学习在课堂真实发生,就应确保学生进入学习的状态。学生在不在学习的状态是检验学习是否真实发生的关键。学习状态包括情绪状态、思维状态、交往状态等。学生是兴致勃勃、心无旁骛、积极互动,还是懒懒散散、心神不定、自说自话? 这是课堂学习是否真实发生的分水岭。建构主义主张通过互动与合作建构知识,特别强调要通过社会的互动与合作进行学习。当然,这种互动与合作一定是要在任务驱动之下进行的。实施教学互动的课堂,在任务解决和师生、生生对话中有助于调动学生学习的情绪和思维,创造师生、生生交往的机会,激发学生学习的兴趣,从而在教而让学中促进真实学习的发生。

开展教学互动符合新课改理念。开展教学互动不仅有助于促进教师转变教学方式,使教学在师生互动的氛围中进行;也有助于促进学生转变学习方式,在合作学习和探究学习的互动过程中深入。应该说,促进教师转变教学方式是促进学生转变学习方式的一个重要前提,促进学生转变学习方式则是促进教师转变教学方式的一个重要而直接的目的。只有积极主动开展教学互动,推动教师转变教学方式与学生转变学习方式的新课改理念的实施,才有可能真正实现教而让学引发真实学习。

三、教学互动设置的根本策略: 任务驱动触发学习交流契机

(一) 通过任务驱动实施教学互动

正如苏霍姆林斯基所说:"如果教师不去设法在学生身上形成这种情绪高涨、智力振奋的内部状态,那么知识只能引起一种冷漠的态度,而不动感情的脑力劳动只会带来疲劳。"[①]相对于教师的满堂灌、平铺直叙等教学方式,通过设置任务,建构"任务驱动型"课堂是调动学生学习热情的重要方法。在"任务驱动型"课堂教学中,教师通过创设各种任务情境,引起学生思考,开展师生活动,进而直接影响学生的求知欲望、学习兴趣和学习成效。

---

① [苏]B.A.苏霍姆林斯基.给教师的建议[M].杜殿坤,编译.北京:教育科学出版社,1981: 85.

（二）通过凸显学生学习主体地位实施教学互动

让学生成为学习的主体有助于激发学生学习的主动性。比如，在"任务驱动"实现教学互动方式中，对课前、课中和课后布置的学习任务，要让学生积极主动探索。上课伊始让学生进行课前任务的展示，授课过程中布置课中学习任务，可先请学生完成；对课后布置的相关探究性任务，让学生积极完成，在下一节课前展示。需要注意的是，在整个课前、课中和课后的任务完成过程中，应充分调动学生的思维，凸显学生学习的主体地位。比如，在课前围绕教学目标、教学重难点问题，教师向学生布置任务。学生通过积极思考、深入交流甚至相互争论，完成相关学习任务，达成教学目标，突破教学重难点。不难看出，运用这样的教学互动，对充分调动学生的学习主动性、积极性和创造性无疑是有帮助的。

（三）通过设置具有挑战性的任务，培养高阶思维能力

比如，以统编高中思想政治选择性必修3《逻辑与思维》中"复合判断的演绎推理方法"内容的一个教学片段为例：在进行充分条件假言判断和必要条件假言判断知识教学后的小结时，如果教师给出两个判断，让学生指出哪一个是充分条件假言判断，哪一个是必要条件假言判断，则这样的学习活动很难引发学生对所学知识进行迁移与运用的深度学习，教学活动依然停留在浅层思维阶段。但如果让学生分别列举一个充分条件假言判断、必要条件假言判断的判断句式并说明理由，则能起到更好地促进思维进阶的作用。

又比如，以"自主创业　公平竞争"内容的一个教学片段为例：社会希望劳动者爱岗敬业，做到干一行爱一行；而有的学生则认为做不到干一行爱一行，现在一些人为了维持生计而做自己不愿做的工作。形成对这个观点的正确认识是一个具有一定挑战性的任务。由于这一问题涉及在真实情境中对某观点的评价等，因此完成这一任务的过程同时有助于培养高阶思维能力。针对这个观点，教学中可以让学生展开辩论，正反双方在充分表达后选出优胜者，教师此时再针对这些问题对学生进行正确的

引导。这样的教学效果才有助于培养学生的高阶思维能力,在教而让学中引发真实学习。

第二节 思政课实施教学互动的 实践探索、成效与反思

思政课教学目标的合目的性要求教与学互动和角色交融。思政课承载的育人功能,不仅是帮助学生提高适应社会规范的意识和能力,还蕴含着帮助学生养成反思与超越的思维习惯、创新精神和创造能力,这是思政课育人的发展性功能。在思政课教学中,在这种合目的性的统辖下,教师和学生在教与学互动中保持着一种张力,使双方在平等交往对话中把握多重教学目的,取得交互的理解与信任,在视域共享基础上达到角色交融,实现教师主导性与学生主体性的统一。[①] 事实上,要实现思政课政治性和学理性相统一、价值性和知识性相统一、建设性和批判性相统一等,同样需要在思政课教学中实施良好的教学互动。比如,要想实现思政课灌输性和启发性相统一,就要求把握学生的认知规律和接受特点,发挥学生的主体性作用,让学生从教学活动的客体变成教学活动的主体,激发学习的积极性、主动性和创造性。由此可见,只有在良好的教学互动中才能有效落实上述要求。

一、教学互动缺失: 教未让学难以引发真实学习的一个 重要因素

无论是线下教学还是线上教学,满堂灌式的单向知识传递的教学方式早已不适应时代要求,良好的师生互动在提高教学有效性从而引发真实学习方面至为重要。不必讳言,部分思政课教学在设计上未能较好地

[①] 董雅华.思想政治理论课教学坚持主导性与主体性相统一论析[J].思想理论教育,2020(3).

考虑到比较充分有效的教学互动,未能有效引发学生真实学习。包括在大规模线上教学期间,未能有效实施教学互动也是造成学生"在线"但"不在学"的一个不容忽视的因素。这种线上教学作为特殊时期的特定产物,因无法组织一些学生成立教学班级、教学时间有限等而导致在教学过程中缺少甚至没有设计教学互动,是可以理解的。但我们也应该看到,缺乏教学互动的在线教学课堂,无法吸引学生有效参与教学过程,合作学习、探究学习等也基本无从谈起,影响了教学效果。长期以来,网课辍学率高的一个重要原因正是缺乏教学互动,未能引发真实学习,也难以使学习持久地进行。事实上,无论是在线教学还是线下教学,如何通过改善教学行为,有效促进思政课教学活动中学生真实学习的发生,都是一个值得高度关注的重要问题。精心设计教学互动不失为一个较好的路径选择。

二、线下教学互动设计

教学互动设计可以是多样的。通过问题设计进行任务驱动,有助于引导学生通过思考问题、解决问题乃至发现问题,进入学习状态,注意力高度集中地投入问题的解决之中,引发真实学习,引起认知、能力、情感、态度和价值观等发生持续积极的变化,促进学科核心素养的形成。

(一)课前布置学习任务,课堂展示实践探索

实践表明,课前布置学习任务,在课堂教学中请学生展示学习任务的完成情况,这种教学互动如果实施得当,有助于取得良好的教学效果。我曾做过一个相关教学实践案例:高中思政课教学中,教师引导学生开展课前自主学习、课堂交流互动的实践探索,教学效果良好。下面以"依法纳税是义务"一节课中税收相关知识教学片段为例具体说明。

1. 案例背景

"依法纳税是义务"这节课的教学内容,难度总体来说并不大,部分

知识的学习难度较大,比如对增值税的理解,运用增值税相关知识分析国家减免增值税促进企业发展的现象等。在教学中注意运用教学互动,有助于促进教师转变教学方式,引导学生转变学习方式,开展自主学习、探究学习与合作学习,引导学生在能力可及的范围内运用电脑等技术支持的前提下开展主动有效的学习,而不是被动地等待教师的授课。有效设计教学活动,围绕本节课教学任务的完成与教学目标的实现,布置学生在课前完成相关学习任务,不失为一个好的做法。

2. 案例描述

(1)案例主题

关注教学互动,促进教师积极转变教学方式,从而推动学生学习方式的转变。与传统教学方式下教师将准备好的内容按照教学设计的顺序介绍给学生,学生被动地接受教师的教学不同,对于"依法纳税是义务"这节课的教学,我结合学生实际,引导学生于课前积极完成围绕教学内容设置的学习任务,引导学生主动参与到学习中来,自主学习、开展探究、合作学习,促使学生积极思考,更为深刻地理解学习内容,并于学习中提高运用知识分析问题、解决问题的能力。

(2)案例过程

第一,教师布置课前需要完成的学习任务。为有效完成"依法纳税是义务"教学任务,实现本节课的教学目标,我于课前布置学生完成如下任务。

① 通过自主学习,将课程通过知识图谱描述出来(可以用表格式样呈现,也可以用知识树图示等方式呈现)。知识图谱需要考虑内容概念以及概念之间的联系,引导学生知道学习什么和如何学习。② 借助互联网技术,收集我国税收改革中关于增值税改革的相关内容,重点关注增值税改革的背景与意义,明确关于增值税减免的具体要求。③ 以企业增值税的减免方法为例,按照学习小组为单位开展合作学习,作面向同伴的讲解设计,以便在课堂教学中向同学们介绍。

第二,学生在课堂上展示已完成的学习任务。① 向同伴做展示的几位同学都较好地完成了学习任务。② 几位小组代表向同伴介绍了收集到的我国税收改革中关于增值税改革的内容。关于增值税改革的背景与意义的介绍较为详细、全面、准确,关于增值税减免的具体要求呈现清晰、有条理。③ 以企业增值税的减免方法为例,按照学习小组为单位开展合作学习,作面向同伴的讲解比较清楚。

第三,教师有效开展课堂教学。围绕教学任务的完成、教学目标的实现,教师结合学生的学习任务,有机、有序开展教学,引导学生将课前学习与课堂学习结合起来,通过问题设计,引导学生分析,结合自己准备的教学素材,恰当运用学生课前准备的一些教学素材,很好地完成了教学任务。

（3）案例结果

在本节课教学中,教师结合布置给学生的学习任务开展教学,引导学生将课前学习与课堂学习结合起来,学生对学习内容理解快、体验强、感悟深。学生能深度参与课堂学习,学习成就感增强,课堂教学氛围好,不同学习主体都能在一定程度上学有所获。教师适当让渡学习时空,学生的学习行为得以真实发生。

（4）案例反思

本节课教学给我带来了较为深刻的启发：教师转变教学方式对引导学生转变学习方式,开展自主学习、探究学习与合作学习,甚至在体现学习的个性化方面意义重大;凸显学生学习主体地位,引导学生深度参与课堂学习,培养学生高阶思维能力,增强学习成就感,使不同学习主体都能在一定程度上学有所获,体现出对学习个性化的关注与落实等方面,其作用不容忽视。

（二）课中开展交流互动的教学设计

以统编教材高中《思想政治》必修 3《政治与法治》第一单元第一课《历史和人民的选择》中"近代中国的基本国情和主要矛盾"教学片段为例,设计教学互动举例如下。

1. 案例背景

近代中国的基本国情:在人类社会发展的历史长河中,中国曾长期走在世界文明的前列。但是,到十九世纪三四十年代,清王朝由盛而衰的颓势日益加深,政治腐败,军备废弛,财政拮据,社会动荡,危机四伏。帝国主义的入侵打断了中国从封建社会向资本主义社会发展的正常进程。中国逐渐沦为半殖民地半封建社会。半殖民地半封建社会是近代中国的基本国情,也是认识和解决近代中国一切社会问题的基本依据。

近代中国的主要矛盾:半殖民地半封建社会的基本国情决定了近代中国有多重矛盾,它们相互交织。其中,帝国主义和中华民族的矛盾、封建主义和人民大众的矛盾是近代中国社会的主要矛盾。

近代中国的两大历史任务:近代中国的基本国情和主要矛盾决定了近代中国的两大历史任务:推翻帝国主义和封建主义的统治,争取民族独立和人民解放;彻底改变贫穷落后的面貌,实现国家富强和人民幸福。

2. 问题设计

我们知道,即使对"是什么"这样的学科基础知识的教学,如果在没有设计任何师生互动的情况下,把上述内容照本宣科讲述一遍,这样的教学很难激发学生的学习兴趣,更难以激发学生的学习热情。为在师生互动中吸引学生积极主动地参与学习过程,我们可以运用任务驱动法开展教学,在完成任务的互动中,教师引导学生参与学习。为此,我们不妨首先进行这样的问题设计:请学生绘制这一内容的结构性思维导图,然后在课堂教学中请一些学生发表自己对问题的看法,最后教师进行总结、引导。在这一过程中,学生通过并不复杂的探究就可以清晰地了解"是什么"这样的学科基础知识,教学效果也会比教师照本宣科将知识简单地呈现一遍要好得多。事实上,要绘制好这一内容的结构性思维导图,学生需要对以下几个问题作出探究。

表10 绘制内容的结构性思维导图前学生需要自主探究的几个问题

序号	问　　　　题
1	近代中国的两大历史任务是什么？
2	近代中国的两大历史任务是由什么决定的？
3	近代中国的基本国情是什么？
4	近代中国的主要矛盾是什么？
5	近代中国的主要矛盾是由什么决定的？

通过问题设计，开展层层深入的课堂教学，为学生创造课堂参与的机会，变教师单向讲解为学生主动探究、生生交流、师生交流，在师生互动中引发真实的学习便有了可能。按照教材编写顺序平铺直叙地介绍知识尽管不失为一种教学方法，或者没有任何师生互动的课堂教学可以较精准地控制教学时间，但不能引发真实学习的无效教学不仅浪费了学习者宝贵的学习时间，也会消磨学习者的学习热情。试问，这样的教学时间控制又有什么意义呢？

事实上，具有一定学习能力和学习主动性的学生还会产生新的问题，尽管有个别问题甚至已超越本节课的内容而涉及哲学知识。

表11 在学习了以上内容后部分学生产生的新疑问

序号	问　　　　题
1	为什么近代中国社会的主要矛盾是由近代中国的基本国情决定的？（这一问题涉及马克思主义辩证唯物论等知识）
2	近代中国半殖民地半封建社会的基本国情是怎样形成的？或者说，近代中国半殖民地半封建社会的形成经历了一个怎样的历史过程？

应该说，设计和实施这样的教学互动不仅对启迪学生思维、激发学习热情是有益的，对引发真实学习无疑也颇具意义。

（三）时政课教学互动设计

以"深刻认识和把握党百年奋斗的初心使命"教学内容为例,说明时政课如何开展教学互动。

课前布置学生搜索、阅读党的十九届六中全会审议通过的《中共中央关于党的百年奋斗重大成就和历史经验的决议》(以下简称《决议》),回答以下层层递进的问题。

表 12　学生自主学习完成的问题

序号	问　　　　题
1	十九届六中全会的主题是什么？
2	十九届六中全会审议通过的两个决议分别是什么？
3	十九届六中全会提出党要牢记的根本问题是什么？

通过自主学习,学生可以比较好地完成上述任务,对上述的问题回答见表13。

表 13　学 生 的 回 答

序号	问 题 与 回 答
1	十九届六中全会的主题是什么？
	党的百年奋斗重大成就和历史经验。
2	十九届六中全会审议通过的两个决议分别是什么？
	全会听取和讨论了习近平受中央政治局委托作的工作报告,审议通过了《中共中央关于党的百年奋斗重大成就和历史经验的决议》,审议通过了《关于召开党的第二十次全国代表大会的决议》。
3	十九届六中全会提出党要牢记的根本问题是什么？
	全党要牢记中国共产党是什么、要干什么这个根本问题,把握历史发展大势,坚定理想信念,牢记初心使命,始终谦虚谨慎、不骄不躁、艰苦奋斗,从伟大胜利中激发奋进力量,从弯路挫折中吸取历史教训不为任何风险所惧,不为任何干扰所惑,决不在根本性问题上出现颠覆性错误,以咬定青山不放松的执着奋力实现既定目标,以行百里者半九十的清醒不懈推进中华民族伟大复兴。

运用所学党的先进性有关知识分析说明中国共产党为什么能够带领中国人民实现"从站起来、富起来到强起来"的三次"伟大飞跃"。

在学生做积极思考后,教师可作如下引导:

这是由中国共产党的先进性决定的。党的先进性决定了党能够始终坚持人民立场和人民主体地位,紧紧依靠人民,始终不渝地把实现好维护好发展好最广大人民的根本利益作为一切工作的出发点和落脚点,得到人民衷心拥护,带领人民实现三次伟大飞跃;党的先进性决定了党能够始终走在时代前列,与时俱进,以接续推进的马克思主义中国化创新理论作为行动指南,发挥共产党员的先锋模范作用,带领人民实现三次伟大飞跃;坚持全面从严治党,保持党的先进性与纯洁性,与时俱进、开拓创新,坚持科学执政、民主执政、依法执政,不断提高党的执政能力和水平等。

之后,教师向学生提出思维含量较大的问题:通过学习《决议》,我们应该从哪些方面深刻认识和把握党的初心使命?

应该说,这一问题具有一定的开放性,对思维能力要求较高。在学生充分表达自己的认识后,教师可作如下引导:

我们应该"从中国共产党是什么、要干什么这个根本问题深刻认识和把握党的初心使命""从立党立国、兴党强国的根本指导思想深刻认识和把握党的初心使命""从走自己的路深刻认识和把握党的初心使命""从站稳人民立场深刻认识和把握党的初心使命""从走好新的赶考路深刻认识和把握党的初心使命""从永葆先进性深刻认识和把握党的初心使命"等角度思考问题。

(四) 以议题引发互动的教学设计(片段)

下面以"实现中华民族伟大复兴的中国梦"教学片段为例,说明如何以议题引发互动。

分议题一:中国梦是谁的梦?

教师提出问题:

问题1:中国梦和我们有关吗? 谈谈你的理由。

问题2:(阅读材料后回答)材料揭示了中国梦是谁的梦? 实现中国

梦要依靠谁?

问题 3:中国梦归根到底是人民的梦,必须不断为人民造福。但中国梦仅仅是造福中国人民的梦吗?

学生根据提问,开展小组讨论,归纳观点,小组代表表达讨论结果。

设计意图:引导学生对相关材料进行分析,学习、了解两方面的知识。(1)中国梦是中华民族的梦,是我们的梦。(2)中国梦归根到底是人民的梦,必须不断为人民造福。但中国梦不仅仅是造福中国人民的梦,更是世界的梦。

分议题二:中国共产党在实现中华民族伟大复兴的中国梦中承担着怎样的历史使命?

教师提出问题:

问题 1:中国共产党承担这一历史使命具有怎样的必然性?

问题 2:中国共产党怎样承担起这一历史使命?

学生根据提问,开展小组讨论,归纳观点,小组代表表达讨论结果。

设计意图:引导学生对相关材料进行分析。(1)中国共产党承担这一历史使命具有的必然性。(2)为了承担起这一历史使命,中国共产党需要统揽伟大斗争、伟大工程、伟大事业、伟大梦想,并使之紧密贯通联结起来。

三、在线教学互动设计:高中思政课在线教学互动的实施

在线教育是师生基于互联网平台发生的时空分离、教学分离的一种教育方式。在这种分离式的教学活动中,如何像传统线下教育那样进行教学互动以提高教学成效,是一个值得关注的问题。

有研究在分析传统教育互动方式的基础上,提出适合教师进行线上教学互动的一些有益做法,对教师们开展线上教学不无裨益:(1)头脑风暴,教师根据教学内容发起头脑风暴活动;(2)课堂辩论,教师根据教学内容组织一节以辩论为主要教学方式的在线课堂;(3)直播回答,教师根据教学内容设计课堂问答题目,请学生主动发言或随机邀请;(4)同伴互评,教师为各小组布置教学任务,完成后进行展示汇报,教师利用教学

平台或聊天对话框组织学生进行同伴互评。①

另外,适时进行在线提问可帮助学生集中注意力。现在大多数在线教育平台具有点名、连麦等功能,教师运用这些功能,不仅能增进课堂互动,还能使学生一定程度上有线下学习的体验。又比如,教师可提前针对本节课的学习内容制作学案,根据教学进度向班级同学发放,要求学生在互动专区中给出回答,并适时开展同伴互评。这不仅有助于促进课堂教学中的师生互动,还能使教师及时了解学生的知识掌握情况,从而为有需要的学生提供个性化的指导。同时,课堂游戏、角色扮演与课后辅导等学习行为都有助于促进课堂交互的发生,提升学生的学习效果。

四、实施教学互动的成效

以下为"近代中国的基本国情和主要矛盾"内容结构性思维导图的一种绘制法。当然,只要逻辑顺畅,言之成理,可以有其他不同的思维导图样式的呈现。

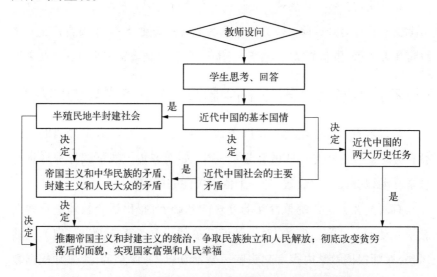

图3 "近代中国的基本国情和主要矛盾"内容结构性思维导图

---

① 高爽,张晓英.基于信息技术的互动式线上教学设计与实施[J].中国教育信息化,2020(24).

五、实施教学互动反思

（一）实施教学互动需要师生平等,教师应转变自己的角色

教师不应以知识权威自居,要重视学生的智慧,充分重视学生的创造力,从地位和灵魂上平等对待每一个学生。"学生在平等的基础上就能打开紧闭的心扉,消除原有的畏惧教师的心理。这样,师生间的心理距离越来越近,师生的互动交流就不再存有障碍。平等的师生关系是民主课堂的基础,有了民主,师生间就能互动起来,而且这互动的有效性就有了可靠的保障。尊重学生的人格和品质,真正赋予学生自主学习的时间和空间,学生学习的积极性和创造性就能得到充分的发挥。"①

（二）实施教学互动需要有明确的目标

教学过程中的师生互动是围绕教学任务来解决问题的,而教学任务是为了实现预期教学目标而设置的。有了预期教学目标,师生互动就不会只流于形式,它能使互动过程合目的性、有序化。在此基础上,师生互动才能产生效果。在解决问题的过程中,由于教学生成的关系,有可能超越预期教学目标,教学过程中学生或教师提出了新的问题,教师因势利导,可能对问题的理解会更加深入、全面,这样的师生互动也更为有效。

（三）实施教学互动需要重视预期目标的达成度

有些教师在课堂中设计许多问题,学生也在不断地回答问题,一堂课看起来很热闹。在这样的课堂中,师生似乎的确达成了互动。然而,这样的互动是否真的有效? 是否至少有一些问题值得思考? 例如,以下问题就值得思索:本节课有没有因为突破预设问题引发了学生真实学习? 学生的发言有没有对教学产生促进作用? 质言之,有没有实现预期教学目标? 如果课堂教学中的师生互动是表面的、浅层的,那么这样的教学互动就不是有效的师生互动。目前,低效的师生互动并不少见。因此,有必要重视教学互动的有效性,重视预期教学目标的达成度。

---

① 孙玲.正确认识和设计教学互动环节的思考[J].沈阳大学学报(社会科学版),2012(3).

第五章　问题驱动，以问激思

　　高中学生已经具有一定的思维深度，这是高中阶段运用问题驱动教学模式的一个有利条件。从教学上来看，问题驱动教学模式打破了传统课堂教学中的问题式授课，鼓励学生在学习的过程中投入质询。问题驱动激发学习兴趣，为实现教而让学引发真实学习奠定基础。学生从教师那里学会发现问题、解决问题、揭示问题之间的联系，渐渐地就掌握了思考、分析、判断的方法，也便渐渐地具有创新能力。在解决问题的过程中，学生可能屡遭失败，但失败过后，他们会总结经验教训，重新确定探索问题的方向。经过再实践、再总结，直到有明确的结果。学生从这个过程中学到了书本以外的思考问题的方法和解决问题的手段，发现思维便得到了有效的锻炼。

第一节　以问题驱动实现教而让学

一、问题驱动教学

（一）中外教育对问题驱动的关注

中国教育思想史上，对"问题驱动"的高度重视和持续关注引人瞩目。一部中国教育思想史，也是一部对"问题驱动"意识高度关注的历史。孔子鼓励学生进行积极的思考，勇于提出问题。他提出"学而不思则罔，思而不学则殆"，主张学习和思考并重。其弟子子夏秉承了他的"问题"思想，在《论语·子张》中指出："博学而笃志，切问而近思，仁在其中矣。"孟子更加强调在学习的过程中要有怀疑精神，要重视质疑，在《孟子·尽心下》中指出："尽信书，则不如无书。"这在那个时代是难能可贵的。西汉初期，淮南王刘安在其主持编写的《淮南王》中指出："文王智而好问，故圣；武王勇而好问，故胜。"东汉著名唯物论者王充在《论衡》提出了"不问不识"的主张，与刘安的观点遥相呼应，相映成趣。

教育者的重要任务便在于引导学生学会质疑，并帮助学生解疑释惑。唐代韩愈在其著名篇章《师说》中论及为人师者的职责时指出："师者，所以传道、授业、解惑也。"把为学生解疑释惑作为教师的一项重要任务。作为理学重要创始人之一的宋代理学大师张载在《张子全书》中指出，"在可疑而不疑者，不曾学，学则须疑"；"于不疑处有疑，方是进矣"。清代教育家王筠在教学中也非常重视对"问题驱动"的关注，并善于运用设疑的方法。他在《教童子法》中提出："为弟子讲授，必时时诘问之，令其善疑，诱以审问。"到了近代，著名教育家陶行知先生把会问与否作为人与一般生物的区别，他在《行知诗歌集》中这样说道："禽兽不如人，过在不会问。智者问得巧，愚者问得笨。人力胜天工，只在每事问。"

西方教育史上对问题驱动同样关注。卢梭（Rousseau）的教育名著《爱弥儿》被认为是继柏拉图（Plato）的《理想国》之后西方最完整、最系统的教育论著。在他的著作里,我们可以清晰地看到教育领域要求突破传统的专制主义、尊重儿童的天性、回归自然的教育理念。更重要的是,我们在卢梭的著作里同样可以清晰地看到与启蒙运动相适应的教育思想,也是他坚持的核心理念:问题不在于告诉人们一个真理,而在于教人们怎样去发现真理。杜威非常强调优良的思维习惯和思维能力的培养。他在所著的《我们如何思维》一书里,比较系统地阐述了自己力倡的"反省思维"理念。在他那里,教学不应当是经院式的,而必须是与校外和日常生活中的情境联系起来的"经验的情境"。在这种情境中,儿童发现问题,并在教师指导下自己解决问题。可以这样认为,杜威所倡导的教学不仅是基于问题结局的教学,也已开始高度关注问题解决的过程。

美国学者萨其曼(Suchman)和施瓦布(Schwab)于20世纪50年代分别提出了自己的探究教学模式,在他们的教育思想里都提出了这一观点:学生运用教师提供的教学方法,在教师提供的调查范围内,形成并确认调查中遇到的困难并将其形成问题。这种教学模式要求学生自己对问题进行思考,以便确认探究中所涉及的困难,再通过重新设计实验,以不同的形式组织和生成资料等方法,将问题澄清,获得对问题的解决。[①] 这种教学模式非常注重对学生问题意识的培养。在教师的指导下,学生围绕这些专门问题,通过对这些问题的探讨,激发思维。

(二) 问题驱动教学模式

美国教育学家杜威提倡"从做中学",他在《民主主义和教育》一书中明确提出通过问题引导学生获取新知识、发展学生的创造力和思维能力的"问题教学法"。

1969年,美国神经病学教授巴罗斯(Barrows)提出了"问题驱动教学模式",又称作"PBL(Problem-Based Learning)教学模式"。从教学上来看,问题驱动教学模式鼓励学生在学习的过程中投入质询。随着医学教育的发展,到20世纪90年代,欧洲部分医学院和美国的医学院使用此教

---

① 钟启泉,安桂清.研究性学习理论基础[M].上海:上海教育出版社,2003:23.

学方法的约占70%。如英国曼彻斯特大学医学院、格拉斯哥大学医学院等均采用问题驱动教学模式。同时，一些亚洲国家也在本国教育体系中实施问题驱动教学模式。"国内开始对于PBL开展研究，集中在上世纪90年代，主要是介绍国外在该领域的研究状况，并逐步尝试和探索将PBL引入到国内的教学实践之中。"①我国学者刘儒德提出，PBL教学模式是一种体现建构主义思想的教学模式，强调学生在解决问题中掌握知识、发展能力。因为这种教学模式既是一门课程，又是一种学习方式，被誉为"多年来专业教育领域最引人注目的革新"。②

基于对建构主义学习论的学习和理解，我将问题驱动教学模式作如下的界定：以问题或主题解决为中心进行的一种教学模式。

尽管在建构主义的旗帜下存在着许多不同的观点，但建构主义者都强调，学习是学生主动建构的过程。问题驱动教学模式以提出问题为基础，以解决问题为中心，通过发现问题、生成问题、分析问题与解决问题等步骤去实现教学目标，注重问题之间的相互衔接与环节上的紧密相扣。问题驱动教学模式从提出问题开始，组织成群的问题，到有效地解决问题结束。

问题驱动教学模式下进行的教学过程始终是开放的过程。开放性是这一教育模式的一个基本特征，强调在问题引领与驱动下，在富有个性的教学活动过程中，关注教学双方在这一过程中获得的丰富多样的体验，关注教学双方富有个性化的创造性表现。应该说，这种富有个性化的创造性表现不仅体现在学生身上，也会体现在教师身上。

心理学研究表明，意识到问题的存在是思维的起点，没有问题的思维是肤浅的思维、被动的思维。"思维的问题性表现为人们在认识活动中，经常意识到一些难以解决的、疑惑的实际问题或理论问题，并产生一种怀

---

① 刘岩,杜武勋.PBL教学法及其在中医内科学教学中的应用探讨[J].河北中医,2012(2).

② 刘儒德.问题式学习：一条集中体现建构主义思想的教学改革思路[J].教育理论与实践,2001(5).

疑、困惑、焦虑、探究的心理状态,这种心理又驱使个体积极思维,不断提出问题和解决问题。对于思维的这种问题性心理品质,称为问题意识。"①问题驱动教学模式符合学生思维活动的规律,也符合培养学生的积极思维这一要求。

二、问题驱动实现教而让学引发真实学习的内在机理

问题驱动教学模式下的学习是以问题或主题为中心进行的一种教学模式。问题驱动教学模式体现的是解决教师与学生双方的问题。一切创新都始于问题的发现和提出。重视"问题"在教学中的作用并运用相关的教学方法,这在当前高中课堂上并不鲜见。近年来,人们对问题驱动教学给予很大关注。问题驱动教学是师生合作共同解决实际问题,以达到激发学生思维、培养学生问题意识、提高学生分析问题和解决问题能力的教学方法或教学模式。可以这样说,这种教学模式在一定程度上对改变传统的"一言堂"或"满堂灌"的陈旧模式,充分发挥教师的主导作用和学生的主体作用,培养学生自主学习能力、逻辑思维能力与语言表达能力都具有一定的积极作用。

(一) 问题驱动激发学习兴趣实现教而让学引发真实学习

人们常说"兴趣是最好的老师"。高中思政课程是落实立德树人根本任务的关键课程,是一门活动型学科课程,是学校德育的主渠道。长期以来一直困扰我们的学生被动学习、死记硬背甚至机械训练的状况虽有改变,但在一定程度上依然存在,影响着思政课的教学效果。目前,在一定程度上,有学生对思政课兴趣不浓甚至缺乏兴趣,高中思政课教学中问题意识淡薄应该是一个重要的因素。学生对思政课兴趣不浓甚至缺乏兴趣,影响了思政课教学的实效性,也在一定程度上影响了思政课程在德育工作中应有作用的充分发挥,影响了高中思政课在培育高素质的国民中所肩负的重要历史使命的实现。

---

① 姚本先.论学生问题意识的培养[J].教育研究,1995(10).

　　问题驱动教学法以问题作为课堂教学的核心,根据教学内容和教学目标的需要,通过科学设疑,有效启发,准确引导,引起学生思考,使学生的思维紧紧跟着问题走,调动学习的积极性、主动性与创造性。这不仅有助于克服高中思政课教学中教师与学生问题意识淡薄,进一步引起教师对高中思政课教学中问题意识培养的重视,而且在相当程度上可以提高学生的问题意识,在分析问题、解决问题甚至发现问题中激发学习思政课的兴趣,进一步提高思政课教学的实效性。

　　主动参与和被动接受在教学效果上的差异是显而易见的。因此,如何激发、培养学生的学习兴趣,就成了提高思政课教学实效需要直面的一个重要问题。问题驱动教学模式以问题作为教学的一个重要手段,引导学生始终关注对问题的思考,运用一定的原理、知识和观点解决问题,因而学生的注意力是集中的。学生一旦有了问题意识,就会对问题的解决产生兴趣,同时对知识本身产生兴趣,因而有一种想要学习的心理倾向。高中学生已经具有一定的思维深度,区别于其他阶段的学生。比如,高中学生的思维具有一定的理性,感性认识上升为理性认识的自觉不断超越低年级状态。这是高中阶段运用问题驱动教学模式的一个有利条件。虽然这里主要研究的对象是高中学生,但这并不意味着其他低年级教学就不可以运用问题驱动教学模式。恰恰相反,问题意识的养成应该越早越好。只是在具体运用上应该具体问题具体对待,这才符合唯物辩证法。

（二）问题驱动培育创新素养,实现教而让学引发真实学习

　　问题驱动有助于培养学生的创新品质、创新思维和创新能力,引发真实学习。问题驱动教学模式的运用,从心理机制来看,主要属于探究性的,教师更多是通过引导学生根据现有知识,通过知识之间的内在联系去发现新知识。因此,问题驱动教学模式的运用有利于激发学生的思维活动,调动学生学习的积极性、主动性与创造性,有利于培养学生的独立思考能力、分析问题与解决问题的能力,进而促进学生形成一定的创新意识和创新能力。我认为,对于高中学生而言,相对于创新能力的形成与提高,创新意识、创新思维与创新精神状态的形成是首要的,因为没有这些,

创新能力也只是无本之木、无源之水,不切合实际。

传统教学模式重视知识教学,轻视学生的问题意识,从而造成学生很少提出问题,这不利于学生个性和特长的发展,学生难以形成对事物深层次的问题意识。在这个意义上,问题意识的培养对学生创造能力的培养至关重要。

随着教学改革的深入和素质教育的全面推进,如何培养学生的创新精神和实践能力,越来越被广大教育工作者重视。问题驱动教学模式就是以教师为主导创设问题情境,以学生为主体不断地发现问题、解决问题的一种课堂教学模式,使学生的思维在整个学习过程中始终处在发现问题、解决问题的积极思考状态中,使创新意识和创新能力得到培养。

学生从教师那里学会发现问题、解决问题、揭示问题之间的联系,渐渐地就掌握了思考、分析、判断的方法,也便渐渐地具有创新能力。在解决问题的过程中,学生可能屡遭失败,但失败过后,他们会总结经验教训,重新确定探索问题的方向。经过再实践、再总结,直到有明确的结果。学生从这个过程中学到了书本以外的思考问题的方法和解决问题的手段,发现思维便得到了有效的锻炼。

第二节　问题驱动实现教而让学引发真实学习的教学策略

一、在议题统领下进行问题设计

开展议题式教学是重要的新课改理念。议题本身就应是可议之题。议题式教学的一个重要特征是围绕议题设计具体问题,在解决问题的过程中,完成教学任务,实现教学目标。《课程标准》明确提出开展"议题式教学",并以教学提示的形式列示了 34 个议题,供四个必修模块教学选用。以下仅从每个模块选取两个议题举例(见表 14)。

表14 议题举例

必修模块	模块名称	议 题 举 例
必修1	中国特色社会主义	◆ 以"怎样揭示人类社会发展的奥秘"为议题,探究社会发展的基本规律和主要阶段
		◆ 以"不同国家、地区的历史各具特色是否有悖社会发展的一般过程"为议题,探究历史进程的统一性和多样性
必修2	经济与社会	◆ 以"为什么要坚持'两个毫不动摇'"为议题,探究我国社会主义基本经济制度的优越性
		◆ 以"为什么发展必须以人民为中心"为议题,探究坚持新发展理念、转变经济发展方式的意义
必修3	政治与法治	◆ 以"为什么中国共产党执政是历史和人民的选择"为议题,探究中国共产党带领中国人民革命、建设和改革的奋斗历程
		◆ 以"我国各族人民怎样和睦相处"为议题,探究我国处理民族关系基本原则的意义,认同我国是统一的多民族国家
必修4	哲学与文化	◆ 以"哲学有什么用"为议题,探究哲学把握世界的独特方式
		◆ 以"为什么要一切以时间、地点和条件为转移"为议题,探究解放思想、与时俱进的意义

在议题统领下进行问题设计,以"伟大的改革开放"教学设计为例。可设置议题:改革开放是如何砥砺前行的? 在这一总议题下,可设计以下具体问题(部分):

1. 为什么党的十一届三中全会被称为"伟大的历史转折"?

2. 1978年后的40多年时间里,改革开放可分为哪几个阶段? 取得了哪些成就?

3. 为什么我国的改革开放能取得如此巨大的成就?

4. 2023年往后,改革开放还会继续全面推进、纵深发展。这是为什么?

请两位学生分享他们收集到的有关改革先锋的事迹。教师设计问题，引导学生思考：

（1）改革先锋们为国家和社会作出了怎样的贡献？

（2）他们为何能够作出这样的贡献？（改革先锋身上体现了怎样的精神？）

二、问题设计体现教学目标整合理念

如果问题设计不当，忽视进行体现教学目标整合理念的问题设计，问题设计基本只涉及知识目标，那么就会造成教学目标单一现象的出现，难以为真实学习的发生创造条件。

在学习统编教材必修3"民族区域自治制度"的内容时，教师讲到民族问题时如果只做如下的设疑且仅止于对以下这些问题的回答，就会使问题设计为实现单一教学目标服务，而且很有可能因为流于知识教学而使问题设计停留于低阶思维的层次，难以激发学生思考，使得真实学习难以有效发生。

1. 社会主义时期是否还存在民族问题？

2. 社会主义时期民族问题的性质与剥削阶级社会存在的民族问题的性质是否一样？

3. 造成民族之间发展不平衡的主要原因是什么？

4. 解决民族之间发展不平衡的根本出路在哪里？

5. 社会主义国家处理民族问题的方针是什么？

诚然，通过以上几个问题的设问和回答，教学内容可以比较清晰地呈现在学生的面前。这有助于知识目标的实现，教学效率也比较高。但是，这没有能够完整地体现学科教学的新课改教学目标。我们无法通过实现能力、方法和过程目标的整合使学生感受和体验到以上相关政治常识的生成、发展、形成及其应用的过程，无从有效地促进科学精神的形成，无法更深刻地促进我国是统一的多民族国家的政治认同的形成。同时，由于问题设计缺乏一定的思维含量，基本属于低阶思维的问题设计，因此难以激发学生思考,难以引发真实学习。

本节课如果继续设计有关教学情境和问题,则有助于实现能力、方法和过程目标的整合,在一定程度上克服问题设计为实现单一教学目标服务的不足。

我们可以设计以下教学情境:

为加快少数民族和民族地区经济社会发展,党和国家在编制"十一五"规划中,第一次编制了《扶持人口较少民族发展规划(2005—2010)》《少数民族事业"十一五"规划》《兴边富民行动"十一五"规划》3个国家级专项规划。

2016年12月24日,国务院关于印发《"十三五"促进民族地区和人口较少民族发展规划》的通知。

2021年11月12日,国务院印发《"十四五"推进农业农村现代化规划》(以下简称《规划》),对"十四五"时期推进农业农村现代化的战略导向、主要目标、重点任务和政策措施等作出全面安排。《规划》提出,支持民族地区、边疆地区巩固脱贫攻坚成果和乡村振兴,改善边疆地区农村生产生活条件。

教师设计教学问题:

运用所学内容,自选一个角度阐述你学习上述材料后的体会。

应该说,这个问题的设计是综合的、开放的,学生可以结合党的性质和宗旨、党的执政理念、我国的国家性质、我国民族区域自治制度等知识,从加强民族地区政治、经济、社会、文化、生态文明等建设角度,述及加强民族地区建设的必然性、必要性等。不仅如此,对这一问题的回答还涉及知识与技能,过程与方法,情感、态度、价值观的整合,体现学科核心素养的考查。这样的问题设计对于激发学生思考、引发真实学习无疑是有益的。

我们也许不能要求每一节课的问题设计都必须兼顾新课改教学目标,同时兼顾因问题存在梯度而出现一定的非综合性题目。但是,我们应当看到,长期地运用一元化的问题设计尤其是低阶思维的问题设计进行教学既不符合实行新课改的初衷，也难以激发学生思考，难以引发真实学习。

三、问题设计目的、主体与情境创设

问题驱动教学模式的有效运用离不开科学地设计问题，这是问题驱动教学模式中基本的一环，不仅处于基础环节，而且贯穿教与学的全过程。科学地设计问题首先要求准确把握每节课要完成的教学任务，据此把握所要达成的教学目标，这样才能针对教学任务、要达成的教学目标科学设疑，引导学生围绕问题进行思考。这就要求教师必须对教学大纲和教材准确理解、充分掌握，对历史概念准确理解和把握，并精心备课，设计好每一个问题。

（一）明确问题设计的目的

教学中，首先要明确发问的目的。要根据教学内容、教学过程的实际需要和学生的实际情况来选择问题。设计问题的过程是引导学生发现问题、探索问题和解决问题的过程。同时，这一过程又为设计问题服务，从而培养学生发现问题的意识和创新能力。值得重视的是，要选择应用性、启发式、激励性的问题，以激发学生进行较高水平的思维。

（二）确定提出问题的主体

问题驱动教学模式重视围绕教学目标的实现提出和解决问题，激发学生进行积极思维，引导他们根据已有的知识和经验来获得知识、培养能力。在问题驱动教学模式中，可按照"教师提出问题—学生思考问题—学生回答问题—教师分析问题、解决问题—教师再提出问题—学生再思考问题—学生再回答问题"或者"学生分析内容—学生自行提出问题—教师把握问题—学生自己思考问题—学生解决问题—教师分析问题"的步骤展开。需要指出的是，在问题驱动教学模式中，提出问题的主体是教师和学生，而不是仅仅由教师提出问题。比如，以统编教材"充分发挥市场在资源配置中的决定性作用"一节课的教学为例。除了教师提出的诸如表15的内容等以外，学生也是提问的重要主体。

表 15 教 师 提 问

序号	问　　　题
1	市场价格与市场供求存在着怎样的相互关系？
2	市场价格与市场供求之间为什么会存在着上述相互关系？
3	市场经济经常会变化,这些经济信息的时效性是否很短？为什么还具有很高的参考价值？
4	在市场经济中,虽不是各类经济信息的快速传播决定了市场经济的发展,但为什么各类经济信息能获得快速传递？

有学生在自主学习时,了解到"市场经济具有客观评价各类要素的贡献,为公平分配奠定基础的功能",据此提出了表 16 中的问题。

表 16 学 生 提 问

序号	问　　　题
1	市场经济是如何评价各类要素的贡献的？
2	在市场中,如果有企业垄断的情况,该怎么办？是否需要国家干预？
3	当一个企业在其市场上占据绝对份额的资源时,市场是如何公平分配的？
4	为什么生产要素稀缺程度高,就可视为其在产品生产中贡献较大？
5	稀缺程度低的商品比稀缺程度高的商品市场更广阔,它创造的价值难道会小吗？
6	稀缺程度高的物品在生活中却不被广泛使用,那么它创造的价值也很大吗？
7	有些产品不一定供不应求,但价格还是居高不下,这能否用"市场经济具有客观评价各类要素的贡献"这一功能来解释呢？

（三）精心创设思考问题的情境

为新知识的引入创设问题情境是运用问题驱动教学模式的一个重要环节。新知识的引入方式,对学生的学习兴趣的激发和创新意识的培养都是非常重要的。教师所提出的问题,一方面要能够恰当地展示本节课的学习目标,使学生做到心中有数;另一方面要和学生已有的知识紧密联结起来,让学生能调动已有的知识、经验,在引导学生认识问题的同时,问题又具有被解决的可能性,激发学生思考的积极性,引导学生专注地进入学习状态之中。

恰当地运用课堂教学的提问技能,能有效地提高教学有效性。但现实的思政课课堂教学中,提问主体经常只是教师。殊不知,学生才是学习的主体,具有自主能动性。如果只追求按时完成教学任务,追求表面上的课堂秩序良好、有条不紊,而不注重调动学生提问的积极性与胆识,则是很难真正提高教学有效性的。

问题情境的创设通常要考虑三个因素:一是学生能否在先前经验基础上觉察到问题的存在;二是探究内容对学习者来说一定是新的未知,经过努力是可掌握的;三是能否激发探究者的认知冲突、需要和期望。教师在提出问题时,要适时展示发现问题的思路,渗透发现问题的方法,让学生懂得问题是怎样被发现与提出的。

运用问题驱动教学模式,教师把问题作为教学的出发点,教师和学生适时地提问与反问,由教师指导学生讨论并答疑,最后主要由教师进行总结。这种教学模式虽然富有启发性,但如果在教学中不能创设具体的教学情境,提出的问题不是关键性的,不具有一定的挑战性,则同样不能激起学生已有认知结构与当前学习内容的认知冲突。这样的教学模式就难免会流于形式,也难免会消磨学生培育问题意识的积极性。运用问题驱动教学模式,教师不仅应善于引导学生发现问题、分析问题和解决问题,而且要善于提出关键性的、具有一定挑战性的问题;同时,要善于引导学生自己提出关键性的、具有一定挑战性的问题。

四、问题设计"四度"

(一)根据渐进的难易程度设计问题

设计的问题要由易到难、层次分明,这是学生认知心理所要求的。高中思政课堂教学中提出的问题,无疑需要符合高中学生的认知水平。设计问题需要重视的一个方面是,要在认知的基础上把知识推向深层次思考。如果问题太容易,则难以激发学生的积极思维。但如果一开始遇到的问题难度太大,学生又可能因不知如何回答而望而生畏。因此,教师设计的问题应由简到繁,由易而难,层层递进,步步深入。

"难而偏"或"浅而易"的提问都不利于调动学生思维的积极性。设计的问题一般应具有以下三个层次:其一,经过思考可以比较容易解决的"是什么"的问题;其二,需要在深刻理解的基础上经过一系列探索才能够解决的"为什么"的问题;其三,在熟练掌握的基础上,需要结合实际应用,甚至需要经历实际应用才能解决的"怎么做"的问题。如让学生自己设计题目、实验或实践活动,以培养创新意识、科学探究能力和实践能力。教师还应把握提问的度,做到"不愤不启,不悱不发",不提可直接回答的问题;不到学生处于思考的状态时不提问题;提问题时要根据学生的个性差异和年龄特点,因人而异,不提千人一面的问题。

比如,在教学"完善个人收入分配"相关内容时,我们不妨设置以下教学情境,并在相应教学情境中有梯度地设计问题。

2021年8月17日,中央财经委员会第十次会议指出,要形成中间大、两头小的橄榄型分配结构,促进社会公平正义,促进人的全面发展,使全体人民朝着共同富裕目标扎实迈进。

教师设计问题:(1)在中间大、两头小的橄榄型分配结构中,不同收入群体占比情况应如何?

对这一问题,可作如下思路提示:

橄榄型分配结构,又称纺锤型分配结构,表现为"中间大、两头小",即在这种分配结构中,中等收入群体占比最多,低收入和高收入群体均占少数。这样的收入分配结构被认为是一种比较理想的现代社会分配结构。

随后,教师可设计问题:(2)如何形成中间大、两头小的橄榄型分配结构?

对这一问题,可作如下思路提示:

要扩大中等收入群体比重,增加低收入群体收入,合理调节(过)高收入,取缔非法收入,形成中间大、两头小的橄榄型分配结构。

(二) 根据合理的梯度要求考虑问题提出的顺序

教师设计的问题要集中,能抓住关键,扣准重点。问题之间应有内在联系和因果关系,使之环环相扣,学生的思维才能通畅如流。这样的设问可以极大地调动学生的学习积极性,进而培养学生的思维能力。为此,在备课时,教师应该根据教学内容和学生的认知水平,准备好主要问题和提问的顺序。教师要拟好具有一定逻辑顺序、体现上述要求的提问的提纲,并对学生的回答具有一定的预见性,尽可能充分地考虑可能出现的学生回答和可能遇到的问题。

同时,教师要把握合理梯度和提问顺序,基于问题之间的联系,既考虑学生的认知水平,又考虑问题的趣味性。这种趣味性也应该是渐进的,而不是急功近利的。"正如哈贝马斯(Habermas)所强调的,一切科学认识都是以兴趣为基础与前提的,不是认识对象'激发了'认识者的兴趣,产生了认识者的行为;恰恰相反,是认识者的兴趣及其与认识行为有关的条件'选择'了认识对象,'制造'了认识对象。①"

(三) 问题的提出应把握适切的密度

教学过程中提出的问题应有助于引导学生更好地理解相关问题所牵涉的内容,层层设问、环环相扣,调动学生的学习积极性,培养学生的思维能力。为此,教师设计的问题应疏密有间、张弛有度,让学生有时间对输入的信息进行梳理。如果一堂课都充满了问题,就有可能造成学生消化不良,教师提问越多,学生学得越糊涂。实践表明,教师只有科学地设计问题,充分注意到提出问题的密度,才更有利于学生积极思考,进而有效提高高中思政课教学的有效性。

(四) 设计问题要考虑跨度是否适宜

教师设计的问题应具有适宜的跨度,要根据学生的思维规律和思维

---

① 李琼,倪玉菁.从知识观的转型看教师专业发展的角色之嬗变[J].华东师范大学学报(教育科学版), 2004(4).

特点考虑提问的跨度。设计问题、提出问题需要考虑问题的内在联系和知识的前后衔接。如果一堂课都充满了同一层次、同一知识任务层面的问题，就会使学生思维疲劳、兴趣下降。尽管课堂看起来很热闹，可是教学效果并不理想。因为问题重复、简单，老师每提出一个问题，学生未加考虑立即就可以回答。这样的提问因为问题本身不包含多少智力发挥的任务，从而使问题本身没有多少训练学生思维的价值，如此运用问题驱动教学模式，显然难以取得实际效果。

科学的问题设计的一个内在要求便是需要使问题的提出具有适宜的跨度。教学中所设计的问题跨度体现得好，就具有训练学生思维的较高价值。当然，问题跨度适宜必须讲究一个"度"。用苏联心理学家维果茨基的观点来说，问题水平与学生的"最近发展区"相适应就足够了。否则，学生的思维难以启动，这样的问题设计只会是徒劳无益的。事实上，有跨度的问题使学生把知识有机地联系了起来，学生不仅对知识之间的内在联系有了更为清晰的认识，更重要的是通过对具有一定跨度的问题的回答，使知识之间得到相互印证，也更有利于学生增强对知识的认同度。这对于实现教而让学引发真实学习，从而提高思政课教学有效性尤为重要。

第三节　高中思政课教学运用问题驱动教学模式实践探索举隅

一、新授课运用问题驱动教学模式

"巩固党的执政地位"是高一年级第二学期统编教材必修3《政治与法律》的内容。"理解全面从严治党是推进党的建设新的伟大工程的必然要求"是本节课的一个重要的教学目标。在进行这部分内容教学前，教师可在创设相关教学情境后，设计问题，请学生自主探究，通过搜集材料，寻找问题的答案。教师可在课堂教学中，请学生先展示自己搜集的材料，表达对所提问题的看法。随后，教师在了解学生认知起点的基础上进行有效的教学引导。

（一）课前创设教学情境

在党的十九届六中全会第二次全体会议上，习近平总书记提出了一个重大问题："我们党历史这么长、规模这么大、执政这么久，如何跳出治乱兴衰的历史周期率？"

教师设疑：

（1）习近平总书记在党的十九届六中全会第二次全体会议上提到的"历史周期率"是什么？

（2）习近平总书记在党的十九届六中全会第二次全体会议上提到，党找到了"自我革命"这一跳出治乱兴衰历史周期率的第二个答案，那么党找到的跳出治乱兴衰历史周期率的第一个答案是什么？

（3）党找到的跳出治乱兴衰历史周期率的第一个答案是对谁提出的什么问题的回答？

（4）习近平总书记在党的十九届六中全会第二次全体会议上为什么会提出"我们党如何跳出治乱兴衰的历史周期率"这一重大问题？

（二）课堂教学中进行引导

课堂教学中，教师可请学生首先展示自己围绕问题所搜集的材料，并表达自己对问题的思考。教师在学生思考的基础上，展示相关材料，结合学生的回答对问题进行分析，循循善诱，循序渐进地达成教学目标。

针对问题(1)，教师展示"阅读材料一"，创设教学情境：

"历史周期率"，是中国历史上政权经历兴衰治乱、往复循环呈现出的周期性现象。世袭王朝建立初年，都会呈现兴盛局面，但政权稳定时间一长，统治者都会变得自满而骄奢，一个王朝就不断朝着衰落的方向走下去。

针对问题(2)(3)，教师展示"阅读材料二"，创设教学情境：

1945年7月，褚辅成、黄炎培等六名国民参政会参政员飞赴延安访问。在延安杨家岭住处的窑洞里，毛泽东与黄炎培两人推心置腹，纵论古今。毛泽东问黄炎培，来延安考察了几天有什么感想？黄炎培说："我生六十多年，耳闻的不说，所亲眼看到的，真所谓'其兴也勃焉''其亡也忽焉'，一人，一家，一团体，一地方，乃至一国，不少单位都没有能跳出这周期率的支配力。……一部历史，'政息宦成'的也有，'人亡政息'的也有，'求荣取辱'的也有，总之没有能跳出这周期率。中共诸君从过去到现在，我略略了解的了。就是希望找出一条新路，来跳出这周期率的支配。"毛泽东说道："我们已经找到新路，我们能跳出这周期率。这条新路，就是民主。只有让人民来监督政府，政府才不敢松懈。只有人人起来负责，才不会人亡政息。"（参考黄炎培.延安归来[M].东北书店，1946：30.）

针对问题(4)，教师展示"阅读材料三"，创设教学情境：

在党的二十大报告中，习近平总书记明确指出："经过不懈努力，党找到了自我革命这一跳出治乱兴衰历史周期率的第二个答案，自我净化、自我完善、自我革新、自我提高能力显著增强，管党治党宽松软状况得到根本扭转，风清气正的党内政治生态不断形成和发展，确保党永远不变质、不变色、不变味。"

课堂教学中，教师设疑1：

有观点认为，党找到的跳出治乱兴衰历史周期率的第二个答案意味着：全面从严治党是推进党的建设新的伟大工程。你怎样看待这一观点？

在学生表达看法后，教师可展示阅读材料，在了解学生认知起点的基础上进行有效的教学引导。

教师展示"阅读材料四"，创设教学情境：

党的二十大报告指出，全面建设社会主义现代化国家、全面推进中华民族伟大复兴，关键在党。我们党作为世界上最大的马克思主义执政党，要始终赢得人民拥护、巩固长期执政地位，必须时刻保持解决大党独有难题的清醒和坚定。全党必须牢记，全面从严治党永远在路上，党的自我革命永远在路上，决不能有松劲歇脚、疲劳厌战的情绪，必须持之以恒推进全面从严治党，深入推进新时代党的建设新的伟大工程，以党的自我革命引领社会革命。

我们要落实新时代党的建设总要求,健全全面从严治党体系,全面推进党的自我净化、自我完善、自我革新、自我提高,使我们党坚守初心使命,始终成为中国特色社会主义事业的坚强领导核心。

时代呼唤着我们,人民期待着我们,唯有矢志不渝、笃行不怠,方能不负时代、不负人民。全党必须牢记,坚持党的全面领导是坚持和发展中国特色社会主义的必由之路,中国特色社会主义是实现中华民族伟大复兴的必由之路,团结奋斗是中国人民创造历史伟业的必由之路,贯彻新发展理念是新时代我国发展壮大的必由之路,全面从严治党是党永葆生机活力、走好新的赶考之路的必由之路。这是我们在长期实践中得出的至关紧要的规律性认识,必须倍加珍惜、始终坚持,咬定青山不放松,引领和保障中国特色社会主义巍巍巨轮乘风破浪、行稳致远。

教师设疑2:

在十九大首场新闻发布会上,中央电视台记者提问:有人猜测说,十九大以后反腐败的力度将会弱化,请问发言人如何看待这一说法?

教师设问:

在你没观看发言人的回答前,结合今天所学,你会怎么回答?

十九大新闻发言人回答:全面从严治党永远在路上。我们将以更大的决心、更大的勇气、更大的气力,推动全面从严治党向纵深发展,不断向人民交出优异的答卷。

教师可在学生回答后给予适切的评价,肯定学生回答中合理的成分,指出评价的依据等。通过以上课堂教学活动,学习内容就比较清晰地呈现在学生的面前。教师不仅提出了一些问题,而且通过布置学习任务,课堂教学中让学生展示搜集的素材、表达对问题的思考等,为学生的学习提供了机会、创造了条件,有助于引发真实学习,教学成效比较好。

历史是最好的思政教科书。为帮助学生更好地收获"知所从来"的定力、"识其所在"的清醒、"明其将往"的自信,教师可继续提供相关党史材料,供学生自主学习、自主探究、合作探究加强党的领导、全面从严治党等内容时使用。以下为部分材料举例：

• 1927年秋收起义后著名的"三湾改编"。"党建连上"不仅是我党在治军方面的重要创新,更是党组织建设的重要进步。

• 1941年5月,毛泽东同志在延安高级干部会议上作《改造我们的学习》的报告,标志着整风运动的开始。通过延安整风,全党确立了一条实事求是的辩证唯物主义的思想路线,使干部在思想上大大地提高一步,使党达到了空前的团结。

• 1949年3月召开的中国共产党第七届中央委员会第二次全体会议。毛泽东强调要加强党的思想建设,警惕居功自傲和资产阶级思想的腐蚀。毛泽东在会议上提出了"两个务必"的重要指示。

• 1978年12月召开的党的十一届三中全会。全会彻底否定"两个凡是"的方针,重新确立解放思想、实事求是的指导思想;停止使用"以阶级斗争为纲"的口号。全会做出实行改革开放的新决策,开始了中国从"以阶级斗争为纲"到以经济建设为中心、从僵化半僵化到全面改革、从封闭半封闭到对外开放的历史性转变。

二、复习课运用问题驱动教学模式

以复习"我国国家政权性质和我国现阶段社会的主要矛盾、矛盾的特殊性"教学内容为例。

在全面推进乡村振兴的时代大背景下,结合实施乡村振兴战略"三步走"时间表的材料,教师可提供以下素材和问题,引导学生学习材料,思考问题,给出回答。

长期以来,我国"三农"问题突出。党的十九大报告将乡村振兴战略写入了党章。2017年中央农村工作会议明确了实施乡村振兴战略"三步走"时间表。2018年1月2日,国务院公布了2018年中央一号文件,即《中共中央 国务院关于实施乡村振兴战略的意见》。2018年3月5日,国务院总理李克强在《政府工作报告》中强调要大力实施乡村振兴战略,让农业成为有奔头的产业,让农民成为有吸引力的职业,让农村成为安居乐业的美丽家园。

（1）根据上述材料，我们可以得到这样的结论：实施乡村振兴战略是巩固我国国家政权的必然要求。运用我国国家政权性质和我国现阶段社会的主要矛盾有关知识，说明获得这一结论的理由。

（2）我国制定了实施乡村振兴战略"三步走"时间表。运用"矛盾特殊性"相关知识，评析其合理之处。

学生思考、讨论，教师分析、启发，形成解决问题的思路。以下为论点、理论论据的简要提示：

（1）我国是工人阶级领导的、以工农联盟为基础的人民民主专政的社会主义国家。实施乡村振兴战略，切实有效、循序渐进解决"三农"问题，是巩固工农联盟，巩固人民民主专政国家政权的阶级基础，从而巩固国家政权的必然要求。

我国现阶段社会的主要矛盾是人民日益增长的美好生活需要与不平衡不充分的发展之间的矛盾。切实有效、循序渐进解决"三农"问题，是有力地缓解区域发展差距和城乡发展差距，促进地区、城乡等平衡、充分发展，促进国民经济持续快速协调健康发展，从而巩固人民民主专政的国家政权的必然要求。

（2）矛盾具有特殊性。同一事物在其发展的不同阶段的矛盾具有特殊性。在同一事物的发展过程中，通常会形成若干不同的阶段，而处于不同发展阶段的矛盾也是各不相同的。这要求我们具体问题具体分析（要把事物看成一个变化发展的过程）。实施乡村振兴战略是一个循序渐进的过程，在每一个阶段都有自身的特殊性，必须依据乡村发展的特点，有计划、有步骤地逐步实现乡村振兴战略目标。实施乡村振兴战略"三步走"体现了矛盾具有特殊性，体现了具体问题具体分析。我们要坚持有计划地分步走，促进乡村振兴战略目标实现。

三、时政课运用问题驱动教学模式

时政课运用问题驱动教学模式时，教师可在提出问题后再引导学生学习、分析时事材料,在此过程中,开展学习,分析问题,解决问题。下面以"高质量发展"时政内容的教学为例具体说明。

(一)阅读背景材料

教师引导学生对"高质量发展"的有关背景、内容等材料进行学习。为此,可引用、提供以下材料:

2017 年,党的十九大首次提出"高质量发展"表述,表明中国经济已由高速增长阶段转向高质量发展阶段。十九大报告中提出的"建立健全绿色低碳循环发展的经济体系"为新时代下高质量发展指明了方向,同时也提出了一个极为重要的时代课题。高质量发展的根本在于经济的活力、创新力和竞争力,而经济发展的活力、创新力和竞争力都与绿色发展紧密相连,密不可分。

2018 年 3 月 5 日,十三届全国人大一次会议开幕,国务院总理李克强作国务院《政府工作报告》,提出"按照高质量发展的要求,统筹推进'五位一体'总体布局和协调推进'四个全面'战略布局,坚持以供给侧结构性改革为主线,统筹推进稳增长、促改革、调结构、惠民生、防风险各项工作"。

2020 年 10 月,党的十九届五中全会提出,"十四五"时期经济社会发展要以推动高质量发展为主题,这是根据我国发展阶段、发展环境、发展条件变化作出的科学判断。

党的二十大报告中指出:"高质量发展是全面建设社会主义现代化国家的首要任务。"这是在深入分析我国新的历史条件和阶段、全面认识和把握我国现代化建设实践历程以及各国现代化建设一般规律的基础上,作出的一个具有全局性、长远性和战略性意义的重大判断。

党的二十大把高质量发展明确作为全面建设社会主义现代化国家的首要任务,进一步凸显了高质量发展的全局和长远意义。我们要深刻认识到,高质量发展为全面建设社会主义现代化国家提供更为坚实的物质基础;高质量发展是体现新发展理念的发展,是全面建设社会主义现代化国家的基本路径;高质量发展是确保现代化建设能不断满足人民对美好生活需要的根本支撑；高质量发展是以安全为前提的发展，是推动现代化建设行稳致远的重要保障。

（二）教师提出问题

问题驱动教学模式要想收到良好的效果，离不开科学的质疑。没有一定悬念的质疑，往往难以激发学生对问题的兴趣。但是，离开所要学习的知识，问题脱离学生学习实际，就无助于问题的解决。只有紧扣所要学习的知识来质疑，才能收到好的教学效果。当然，教师可以在引导学生学习、分析时事材料时提出问题，也可以让学生带着问题阅读材料。

在学生学习了上述材料的基础上，教师提出问题：

为什么说高质量发展是体现新发展理念的发展，是全面建设社会主义现代化国家的基本路径？

（三）学生分析问题与回答问题

如何回答这一问题，是需要学生结合所学学科内容作出比较深入的思考的。这个问题的思维含量较大，对学生的思维要求较高，相较于思考、回答"十九届五中全会为实现高质量发展提出了哪些要求"这一问题，对学生的思维能力训练更为有益。教师要结合学生的认知起点，给学生留思考问题的合适时间，并留出比较充分的时间让学生表达对问题的思考。这个过程是教而让学引发真实学习的重要环节。同时，教师要善于从学生的回答中捕捉有效信息，以便于对此问题进行引导，帮助学生较好地解决问题。

教师可结合学生的回答进行教学引导，启发学生从高质量发展的内涵、提出高质量发展的背景、高质量发展的要求、新发展理念的内涵、中国式现代化的五大特征之一是人与自然和谐共生的现代化等角度思考问题。

为满足学生个性化学习需求，对于愿意继续深入探究"高质量发展"的学生，教师可以请学生结合学科内容思考以下几个问题，并在学生需要时提供相应的引导：

（1）怎样理解高质量发展为全面建设社会主义现代化国家提供更为坚实的物质基础？

（2）为什么说高质量发展是确保现代化建设能不断满足人民对美好生活需要的根本支撑？

（3）试论证高质量发展是以安全为前提的发展，是推动现代化建设行稳致远的重要保障。

第四节　运用问题驱动教学模式
对教师素质的要求

教师素质是教师的一种职业品质。它固然与人的先天禀赋有关系，但更多的是要通过科学教育和自我提高而形成具有一定时代特点的思想、知识、能力。具备这些方面的身心特征和职业修养，对于运用问题驱动教学模式至关重要。

一、教师要具备强烈的问题意识

教师的问题意识是实施问题驱动教学模式的前提。教师本人如果没有问题意识，不具有质疑和批判精神，没有承受学生大胆质疑的心理素质，不能意识到培养学生问题意识的重要性，则要培养学生强烈的问题意识，引导学生发现问题、提出问题是难以想象的。几乎可以这样说，无论怎样强调教师的问题意识都不过分。

问题意识的培养，一方面可以从阅读中获取，教师不断扩大自己的知识面，努力提高自身素质，在阅读中形成问题意识；另一方面可以从实践中获取，教师要善于发现和捕捉身边的问题，并通过行动与反思来探寻问题，寻找解决问题的方法。自身具有问题意识的教师才能给予学生适切的引导，多方设问，多层次解答，在创设问题情境上下功夫，在提问技巧上多思谋，培养学生的问题意识。

二、教师要真诚地保护学生的问题意识

在高中思政课教学中，新知识往往是从原有知识与新的知识或现实生活中的现象引入，在情境教学中引出学生的问题，并尽可能地让学生更充分地表达出来。教师既要善于培养学生的问题意识，也要真诚地保护学生的问题意识。同时，因为学生在学习过程中产生的问题也有可能推动自己进行思考，所以对教师适时改进、完善自身的教学也是非常有益的。

运用问题驱动教学模式不仅需要教师具有不怕被问倒的勇气，而且为保护学生的问题意识，还需要教师多一些宽容。

运用问题驱动教学模式，要给学生自由思考的时间和自主探究的空间。问题驱动教学模式注重引发学生真实学习，教师应把必要的学习时间还给学生，让学生能在课堂上有充足的时间自主学习、自主思考。充分激发学生学习的潜力，有时会有令人惊喜的场景出现；通过讨论，学生有时能想出非常好的解决问题的方法。这将会进一步激发学生的学习兴趣，提高学生的创造思维能力。学生在问题的讨论、探究过程中，有可能找出教学内容中许多值得研究和探讨的问题，并试图解决这些问题，这在教学中是值得期待的。

因此，运用好问题驱动教学模式需要走出"教师是一切问题的终结者"的误区。教师不可能通晓一切，尤其在信息社会到来的今天。面对一群知识面较为广博、信息技术相对熟练的高中生，教师难免有掌握的知识不及学生的情况。而且，高中生思维活跃，在学习新的知识时，也会有各种各样的疑问或者独到的见解。培养学生的问题意识需要创造相应的氛围，使他们敢于质疑，勇于争论，从而激发他们主动参与的热情。因此，教师要解放思想，转变观念，使师生互动贯穿课堂。

比如，在教学统编高中思想政治必修3《政治与法治》"民族区域自治制度"内容时，可改变教师先把课文中所存"疑点"尽数找出，然后提问学生的做法，而是采用将主要问题贯穿全文，再将部分具有启发性的问题留

给学生,引导学生通过自主学习、合作探究等方式自主去解决问题。当学生自主解决问题遇到困难时,教师再适时提供必要的帮助。

三、教师需要不断提高自身的教学功底

在课堂教学中运用好问题驱动教学模式,需要教师不断提高自身素质,尤其是要不断夯实自身学科知识基础,并根据最新学术研究动态更新知识。高中思政课教师只有不断地吸收知识,使自身的基础越来越雄厚,使自己拥有的知识跟上知识更新的步伐,才有可能不断地更新自己所提出的问题,使自己的课堂教学始终具有时效性,保持吸引力。同时,高中思政课教师要善于掌握先进的教育教学理论,勇于汲取有助于提高自己教育教学能力的有益方法。高中思政课教师应保持开放的心态,不囿于已有的知识和理论。只有掌握了最新的知识和先进的教育教学理论,才能不断提高教育教学能力,才能在教学中迸发出智慧的火花。高效的课堂教学无疑需要教师以开放的心态,永不疲倦地追求新的知识、新的理论。任何的故步自封、孤芳自赏都难以恰当、积极地运用问题驱动教学模式。简言之,问题驱动教学模式是一种需要教师不断地汲取知识、吸收先进的教育教学理论的教学模式。

第六章　深度学习,实现思维进阶

　　贯彻落实新课改理念,必须深刻转变教的方式与学的方式。"深度学习"倡导教师在"素养导向的学习目标"导引下,把教学内容转化为"引领性的学习主题",设计以真实情境作依托、以实际问题分析和解决为目的的"挑战性学习任务活动",组织学生主动参与到学习活动之中,使学生从单纯的、封闭式的、缺乏挑战性的活动走向复杂的、开放的、探索性的学习任务,从个体学习走向师生、生生共同学习和合作交流,从简单记忆走向深度思考、学以致用,进而实现教与学方式的根本性转变。

第一节　深度学习与学习主体

一、深度学习内涵阐释

1976 年,美国学者马顿(F. Marton)和赛乐乔(R. Säljö)依据学习者获取和加工信息的方式,第一次在教育领域提出了"深层学习"(Deep Learning)与"表层学习"(Surfacc Learning)两个相对的概念。① 在他们看来,"深层学习"与"表层学习"的区别主要在于两者所实现的学习结果的层阶不同。浅层学习注重对学科知识点和基本事实的记忆、基本原理的简单运用。深层学习则指向知识深度理解基础上的复杂应用与创造。从布鲁姆的教育目标分类理论的视角来看,这是单向认知维度上的学习活动。2012 年,美国国家研究理事会将学习者在深度学习中发展的能力划分为认知领域、人际领域(有效沟通、协作能力)、自我领域(学会学习、学术心志)三大领域,并将深度学习定义为"学习者将某一情境下所学的内容应用于新情境的过程"。②

在重视学科核心素养培育的今天,"深度学习"被人们普遍视为实现有意义学习的有效方式,颇受推崇。在我国的情形亦是如此。康淑敏提出,"学科素养的培育在很大程度上需要通过深度学习来实现"③。郭华进一步提出:"深度学习是核心素养培育与发展的基本途径,是我国课程教学改革走向深入的必需。"④为落实立德树人根本任务,推进基础教育课程改革向纵深发展,更好地实现课程育人,2013 年底,教育部基础教育课程教材发展中心在总结我国课程教学改革经验的基础上,组织研发了

---

① F. Marton, R. Säljö, On Qualitative Differences in Learning: I—Outcome and Process [J]. *British Journal of Educational Psychology*, 1976(1).

② National Research Council. Education for life and work: Developing transferable knowledge and skills in the 21st century [M].Washington,DC: The National Academies Press. 2012: 6;李敏.深度学习究竟"深"在何处? ——兼论超越知识立场[J].基础教育,2020(1).

③ 康淑敏.基于学科素养培育的深度学习研究[J].教育研究,2016(7).

④ 郭华.深度学习与课堂教学改进[J].基础教育课程,2019(2).

"深度学习"教学改进项目。

教育部组织研发的"深度学习"教学改进项目面向基础教育阶段所有学科,当然也包括促进思政课学科的深度学习。事实上,重视促进学生思政课深度学习,在基础教育阶段和高等教育阶段都是如此。李寒梅在论及高校思政课教学改革时主张,应以理论价值、国家建设和信念追求三个维度统摄中国特色社会主义理论学习的意义与价值,搭建中国特色社会主义理论深度教学与深度学习的意义平台,促进教学获得深度发展。[①]

当前,在"深度学习"概念界定上,国内具有典型意义和较高认同度的一项研究认为:"深度学习是指在理解学习的基础上,学习者能够批判性地学习新的思想和事实,并将它们融入原有的认知结构中,能够在众多思想间进行联系,并能够将已有的知识迁移到新的情境中,作出决策和解决问题的学习。"[②]

区别于人工智能背景下机器的"深度学习",这里所说的"深度学习"是指学生和教师作为学习的主体,教师引导学生实现有"深度"的学习。美国新媒体联盟地平线项目发布的《2017年地平线报告(基础教育版)》明确指出,"追求深度学习"已成为驱动未来学校发展的重要趋势。这是针对学生而言的。

在"深度学习"概念提出伊始,其主体是指学生。然而,随着时代的发展,教师也应成为深度学习的主体之一。随着深度学习的推进,当前需要深度学习的不仅有学生,还包括作为教育者的教师。因为教师要是自身都还没有发展、培养和教育好,也就无从发展、培养和教育别人。教师要是连自己都不清楚何为深度学习、为何要深度学习以及怎样深度学习,引导学生深度学习也将无从谈起。因此,促进思维进阶,实现教而让学引发真实学习,需要教师首先成为深度学习者。

---

① 李寒梅.走向深度教学:高校思想政治理论课教学改革的必由之路[J].思想理论教育导刊,2018(6).

② 何玲,黎加厚.促进学生深度学习[J].现代教学,2005(5).

二、以深度学习推动教而让学引发真实学习

（一）深度学习促进教与学方式的根本性转变

贯彻落实新课改理念,必须深刻转变教的方式与学的方式。"深度学习"寄希望于教师在"素养导向的学习目标"导引下,把教学内容转化为"引领性的学习主题",设计以真实情境作依托、以实际问题分析和解决为目的的"挑战性学习任务/活动",组织学生主动参与到学习活动之中,使学生从单纯的、封闭式的、缺乏挑战性的活动走向复杂的、开放的、探索性的学习任务,从个体学习走向师生、生生共同学习和合作交流,从简单记忆走向深度思考、学以致用,进而实现教与学方式的根本性转变。[①] 深度学习意味着理解与批判、联系与构建、迁移与应用,这是仅凭外在力量难以达到的,必须通过学生积极主动地投身于学习之中才能实现。在这个意义上,相对于传统的被动接受式学习、浅层学习,深度学习必然伴随着教的方式与学的方式的根本性转变。

（二）深度学习让学生真正成为学习的主人

刘月霞指出,长期以来,课堂教学饱受诟病的一点是:学生成为被动的学习者,成为知识灌输的对象。课堂教学"以教师为中心",学生并未真正成为学习的主人。"深度学习"致力于激发学生内在的学习动机,通过教师设计的引领性学习主题、挑战性学习任务/活动以及持续性的学习评价,吸引学生主动地、全身心地投入学习活动之中,感受学习的乐趣,体会学习的价值和意义,不断生成成就感和效能感,进而达到为理想和热爱而学习的境界。当学生能够主动学习,愿意接受并努力完成挑战性学习任务时,就从学习的"奴隶"转变为学习的"主人",这时候的学习是自发的、无所谓"负担"状态的学习。[②]在这样的"深度学习"场域,学生从"学习的接受者"转变为"主动的学习者",在身份的转变中深刻体会权利的赋予与责任的担当,成为"学习的主人"。

---

①② 刘月霞.指向"深度学习"的教学改进:让学习真实发生[J].中小学管理,2021(5).

（三）在深度学习中实现教而让学引发真实学习

深度学习的课堂教学要求教师为学生的学习提供条件、创造机会，恰当地发挥促进学生学习深度的积极作用。这对教师提出的一个要求就是：在教学活动中，教师要适度退让，要"让学"。

深度学习强调引导学生主动参与学习活动，亲身经历知识发现、发生、发展的过程，形成丰富的内心体验，这种体验绝非教师包办一切所能实现的。深度学习强调着眼于学科基本思想和方法，向学生提供具有典型意义（包括例证在内）的学习材料，引导学生进行知识的理解与批判、联系与构建、迁移与应用，而不是直接告诉学生现成的结论。深度学习强调教学内容的结构化，以帮助学生从整体上把握知识的内在关联，而不是由教师勾勒出一幅幅完美的思维导图。深度学习强调为学生创设真实情境，提供解决真实问题的机会，促进知识的实践转化和综合应用，而不是由教师单方面演绎知识是什么。深度学习强调正确的价值立场与价值判断，引导学生理解、反思所学的内容与过程，进而形成积极的情感、态度与价值观，而不是让学生死记硬背所谓正确的价值判断和行为选择。

比如，教学中为加深学生对国际竞争的实质和维护国家利益知识的掌握，教师可于第一轮新授课内容完成后，为学生创设真实情境，并就相关情境设计问题，引导学生自主探究，进行相关知识的迁移与运用，在运用中加深学生对国际竞争的实质和维护国家利益的理解，而不是多次进行知识的重复教学，并将其称为所谓的"复习"。

教师可为学生创设真实情境，并就相关情境设计问题如下：

当前，我国正积极抢抓人工智能发展的重大战略机遇，构筑我国人工智能发展的先发优势，促进人工智能发展，推进关键核心技术攻关和自主创新，完善科技创新体系，加快实现高水平科技自立自强。

结合材料，从当前国际竞争的实质和维护国家利益的角度，简要分析我国促进人工智能发展的必要性。

在学生充分思考、表达自己的看法后，教师可与学生一道对问题进行分析，并给出相应的引导。回答上述问题，可作如下思考：

当今国际竞争的实质是以经济、军事和科技实力为基础的综合国力的较量。面对急剧变化的世界,许多国家都在调整目标,力图为自己确立有利态势,形成了国家间既合作又竞争的局面。促进人工智能发展,大力推进科技创新,促进我国加快实现高水平科技自立自强,促进创新型国家和世界科技强国的加快建设,增强国际竞争优势,有助于更好地参与国际竞争与合作,增强以经济、军事和科技实力为基础的综合国力。

维护国家利益的有力保障是强大的国家实力。国家实力通常用一国的综合国力来衡量。国家实力衰弱不利于国家利益的实现。因此,我国应该坚持以经济建设为中心,大力推进科技创新,增强核心竞争力,提升国家实力。我国促进人工智能发展,是坚持以经济建设为中心,大力推进科技创新,增强核心竞争力的鲜明体现,有助于我国加快实现高水平科技自立自强,增强国际竞争优势,增强国家实力,服务经济社会发展和支撑国家安全,有力维护国家利益。

值得指出的是,在思政课教学中,思政课教师引导学生关注时事,通过运用所学内容分析问题、解决问题,有助于学生加深对所学内容的理解;有助于提高学生分析问题、解决问题的能力。这既是贯彻新课改理念的重要渠道,也是引发深度学习的重要途径。

"以学生为中心"是新课改的重要理念。怎样在思政课堂上体现"以学生为中心"? 我们不仅要帮助学生掌握马克思主义基本原理,还要帮助学生形成正确的价值判断与价值选择。我们的学生终究要走出课堂、走出校园、走向社会。更多的时候,今天的学生作为明天的社会成员,需要具有理性分析和判断的能力,自觉地规范自身的行为。在今天的思政课堂上,教会学生正确分析重大时事会使其终身受益。对此,我们应该有坚定的信念。

我的一位学生曾深有感触地说,以前看不懂报纸,现在能看懂报纸了。这对我的触动很大。引导学生关注时事离不开一定的形式。目前,引导学生关注时事较好的形式有:上课之前的 5 分钟进行时政讲演;让每个学生每学期制作一份时事小报,重在理解和分析;举行时事知识竞赛,重在对重要时事的分析,而不把鼓励的重心放在对时事的机械记忆上;等等。需要指出的是,教师可对学生的演讲给予简明扼要的点评,若觉得所选材料有进一步分析的价值,可以布置学生就这条时事做一些准备,在稍后的教学中进行解读。思政课教师应清醒地认识到,引导学生关注时事是思政课教学的内在要求,是思政课教师的一种自觉和责任。

通过教学引导学生掌握马克思主义基本原理是高中思政课教学所要实现的一个重要目标。同时,知识的力量在于运用,在于帮助人们形成认识世界、改造世界的智慧,从而指导实践。通过对时政的分析,引导学生正确认识党和国家的方针政策的理论基础和实践基础,联系党和国家作出的重大决定等,通过运用马克思主义基本原理对重大时事的分析,提高解决问题的能力,实现知识的迁移与应用,实现深度学习。

比如,就经济政策而言,我国改革开放以来,建立社会主义市场经济体制,坚持和完善公有制为主体、多种所有制经济共同发展的社会主义初级阶段基本经济制度,坚持和完善按劳分配为主体、多种分配方式并存的分配制度,建立健全社会保障制度,实行全方位对外开放战略,等等。学生运用所学马克思主义基本原理对重大时事进行分析,通过知识的迁移与应用,实现深度学习就有了重要载体。

第二节　开展深度学习的教学实践探索:以议题式教学为视角

一、议题式教学的内涵

议题式教学是2017年版《课程标准》自制订到修改都倡导的活动型学科课程的一种教学方式。随着新课程改革的深入推进,议题式教学日益被广大思政课教师认可,并在教学实践中加以运用。我选取议题式教学这一视角,阐述开展深度学习的教学实践探索。

李晓东认为,议题是以活动形式呈现的、承载学科内容的问题。议题有别于话题、主题和问题。话题是引入和表现议题式教学的"时事"内容,主题是由议题式教学承载的"学科"内容,而问题则是议题式教学的主要呈现形式。也就是说,议题是将主题置于话题讨论中的。①

二、开展议题式教学,促进深度学习的内在必然

(一) 议题式教学与深度学习的紧密关联

深度学习具有鲜明、突出的情境化特征,议题式教学亦是如此。深度学习意味着学习者在情境中学习,并将所学习的知识迁移到新的情境中,作出决策和解决问题。如果说深度学习离不开教学情境创设的话,那么离开了议题式教学的情境创设,可能就难以发挥其最大的教学效用。在议题式教学中,通过创设有意义的教学情境,通过议题的引领,在有意义的学习中实现对知识的理解与批判,进行知识的联系与构建、迁移与应用,使学生在仿佛置身真实情境的体验式感悟中走向深度学习。

黄玲贞提出:"要促进学生深度学习则需要教师选择适切的议题和材料,在情境中提出问题,使问题具有进阶性。可见,深度学习能够引领议题式教学,在议题、情境、材料、知识、能力之间建立起联系,这种联系不是表层的关联,而是基于它们之间存在的意义。"②

不难看出,议题式教学与深度学习具有紧密的内在关联:都建立在情境教学之上。议题式教学为促进深度学习、引发真实学习提供基础,能够吸引学生积极投入学习活动之中,在议题式教学中促进深度学习,引发真实学习;深度学习统摄议题式教学,以深度学习为重要目的开展议题式教学,使议题式教学不沦为简单体现新课改理念的肤浅的表现形式。失去深度学习为统摄的议题式教学,一旦"为议题式教学而议题式教学",虽然从形式上看起来是在开展议题式教学,但如果实际上教学活动始终停留在学生浅层思维活动上,而不能开展高层次的思维活动的话,那么就

① 李晓东.议题式教学设计与实施中的几个关键问题[J].教学月刊·中学版(政治教学),2019(Z1).
② 黄玲贞.议题式教学:促进深度学习的实践路径[J].中学教学参考,2020(25).

会和传统意义上的浅层教学无实质上的差别。

（二）开展议题式教学契合了活动型学科属性

思政课对开展活动教学越来越关注，这一点可以说在义务教育阶段和普通高中都是一以贯之的。《义务教育道德与法治课程标准（2022 年版）》在"六、课程实施"之"教学建议"部分提出，"丰富学生实践体验，促进知行合一"，"要积极探索议题式、体验式、项目式等多种教学方法，引导学生参与体验，促进感悟与建构。要采取热点分析、角色扮演、情境体验、模拟活动等方式，引导学生开展自主探究与合作探究，让学生认识社会"。①《普通高中思想政治课程标准（2017 年版 2020 年修订）》在"一、课程性质与基本理念"部分提出，在课程实施中，"要通过议题的引入、引导和讨论，推动教师转变教学方式，使教学在师生互动、开放民主的氛围中进行"②。为此，在对接内容要求的教学提示中，以议题的方式提示课程内容，并提出多种活动建议，供课程实施时选择。

活动型学科课程是本次普通高中思想政治课程标准修订的一个亮点，而议题式教学的设计与实施是实现活动型学科课程的重要抓手。③ 开展议题式教学契合了活动型学科属性，而以活动方式开展思政课教学，因为将学生置于真实的社会生活情境之中，不仅有助于在真实情境中获取知识、技能，培育正确的情感态度价值观，而且有助于在真实情境中实现知识等迁移与运用，具有促进深度学习不容忽视的优势，所以也具有引发真实学习的独特禀赋。

（三）开展议题式教学体现了促进教与学方式转变的新课改理念

以实际问题分析和解决为目的的"挑战性学习任务/活动"能够促进

---

① 中华人民共和国教育部.义务教育道德与法治课程标准（2022 年版）[S].北京：北京师范大学出版社,2022：49.

② 中华人民共和国教育部.普通高中思想政治课程标准（2017 年版 2020 年修订）[S].北京：人民教育出版社,2020：2-3.

③ 李晓东.议题式教学设计与实施中的几个关键问题[J].教学月刊·中学版（政治教学）,2019（Z1）.

教与学方式的根本性转变。有研究者认为议法适切是实施议题式教学的关键,提出了思政课议题式教学"三法":量议法、比议法和史议法,并认为这是议题式教学的三种常用教学方法。(1)量议法。量化分析的优势在于让数字说话。这实际上是统计分析,是高阶的量化分析。(2)比议法。有比较才有鉴别,事物的本质特征在比较中最容易显露出来。(3)史议法。如果不了解历史,我们就很难读懂现在。①

无论是运用量议法、比议法还是史议法,都不是教师直接告知学生结论,而是引导学生通过分析数据、比较事物和学习领悟历史,体验学习过程,进行知识建构,从简单记忆走向深度思考等,促进教与学方式的根本性转变,开展深度学习,实现教而让学引发真实学习。

(四) 开展议题式教学,借助问题导向引领思维进阶

高阶思维能力是相对于低阶思维能力而言的,它具有批判性、创新性等特质。学生思维能力的发展是一个渐进的过程,开展议题式教学,围绕议题发挥问题导向作用,可引领学生的思维不断进阶,引发真实学习。要发挥问题导向作用,首先要着眼于学生的最近发展区提出问题,其次要使问题具有针对性,再次要使问题形成结构链。问题设计要尊重情境、循序渐进、由浅入深,兼顾基础性、启发性、拓展性等,这样学生经过思维加工,才能找到解决问题的方法和策略。

议题式教学和深度学习都聚焦于学生学科核心素养的发展,而学生学科核心素养的培育需要我们让知识教学和技能训练回归到现实情境之中,让学生在现实情境中自然地进行自主学习、开展合作探究,从而使学生解决实际问题的能力得到发展。因此,议题式教学的首要任务是依附现实情境,提炼中心议题。②

三、开展议题式教学实践探索举隅

以统编教材必修1《伟大的改革开放》教学片段为例。为引导学生理

① 荀强.思想政治课议题式教学"三法"[J].教学与管理,2021(34).
② 黄玲贞.议题式教学:促进深度学习的实践路径[J].中学教学参考,2020(25).

解作出实行改革开放这一重要决策的伟大意义,本节课的教学目标是:

(1)通过了解党的十一届三中全会取得的丰硕成果,理解重新确立马克思主义思想路线、政治路线、组织路线和作出实行改革开放这一重要决策的伟大意义;

(2)了解党的十一届三中全会以来我国改革开放的历史进程和主要内容,感受改革开放给中国带来的深刻变革,理解改革开放对中华民族的伟大意义,知道改革开放和中国特色社会主义的关系。

围绕"理解作出实行改革开放这一重要决策的伟大意义"这一教学目标,开展议题式教学。

(一)设置议题

为引导学生理解作出实行改革开放这一重要决策的伟大意义,设置总议题:改革开放的意义何在?

(二)创设教学情境一

为使学生较快进入学习状态,针对教学对象是上海学生,结合贴近学生生活实际,为学生创设教学情境,首先设计较为简单但不失一定思维含量的问题,体现问题设计的梯度性。

过去人们说"宁要浦西一张床,不要浦东一间房",如今给你两个选择:你愿意居住在浦东还是浦西?

结合学生回答,教师总结:同学们的回答中两种选择都有,更多的同学选择居住在浦东。

组织小组讨论与汇报活动,设置分议题一:中国的一项什么伟大创举让浦东发生如此变化?

结合学生回答,教师设置如下学习任务,引导学生自主学习,小组讨论,开展自主学习并汇报。

浦东从一张普通的"上海面孔"成为"上海现代化建设的缩影",也成为一张非常有力的"国家名片"。那么,中国的一项什么伟大创举让浦东发生如此变化?

教师分析、评价学生的讨论结果,引导学生得出正确结论:

让浦东发生如此变化的这项伟大创举是改革开放。

（三）创设教学情境二

改革开放以来,我国社会生活中人们的见面语不断发生变化:20 世纪 70 年代,打招呼"吃了吗";80 年代,打招呼"看电视了没有";90 年代,打招呼"搬新家了没有";如今到 21 世纪,打招呼"换车没有""最近去哪儿旅游了"。

设置分议题二:改革全面推进、对外开放纵深发展的意义何在?

为有效完成议题二,教师可继续通过设计有梯度的问题,逐步揭示问题的实质。

（1）人们见面时打招呼用语的演变说明了什么? 你认为发生这种用语演变的根本原因是什么?

（2）结合情境二,概括说明改革全面推进、对外开放纵深发展的意义何在。

教师组织小组讨论与汇报活动,然后教师分析、评价学生的讨论结果,引导学生得出相关问题的答案。教师可作如下问题回答思路提示:

改革开放极大改变了我国的面貌、中华民族的面貌、中国人民的面貌;中华民族迎来了从站起来、富起来到强起来的伟大飞跃,中国特色社会主义迎来了从创立、发展到完善的伟大飞跃,中国人民迎来了从温饱不足到小康富裕的伟大飞跃。

改革开放以来我国取得一切成绩和进步的根本原因,归纳起来就是:开辟了中国特色社会主义道路,形成了中国特色社会主义理论体系。改革开放以来的实践充分证明,改革开放是党和人民大踏步赶上时代的重要法宝,是坚持和发展中国特色社会主义的必由之路,是决定当代中国命运的关键一招,也是决定实现"两个一百年"奋斗目标、实现中华民族伟大复兴的关键一招。

（四）创设教学情境三

入世 20 年,宁波以开放拥抱开放

入世 20 年来,越来越多的宁波企业走向世界,在更广阔的市场与国

际巨头展开多元竞争与合作。这其中，不仅有前沿技术的合作与吸收，更意味着研发、设计、产能等的全球配置。2015年，博威全资收购德国贝肯霍夫公司，并在整合基础上于次年成立博德高科。经过两年发展，2018年，博威被评为精密切割丝领域国家单项冠军，博德高科也已经是国际细丝领域的领军企业。其间，博威没有派一个中方人员进入在德国的公司，却在技术、品牌和管理上实现了两边公司的协同发展。

20年间，世界经济达到了前所未有的深度融合。外资同样渴望着跳上中国快车，分享发展机遇。如今，外商投资企业以不到全市企业总数3%的数量，创造了近1/3的外贸进出口额、1/4的地区生产总值、1/5的财政收入和1/6的城镇就业，促进了宁波经济的发展。数据背后，共赢是开放带来的结果。面向未来，宁波必将继续以开放拥抱开放，坚定不移走高质量发展之路。

——《宁波日报》2021年12月10日（有修改）

教师设置分议题三：结合材料，从资源配置和对外开放角度，论述入世是如何促进宁波经济发展的。

要求：

（1）综合运用所学内容，概括入世对促进宁波经济发展的两个作用，联系论题，形成总论点；

（2）理论论证中论题、总论点、分论点内在逻辑一致，论述逻辑较准确、连贯、完整；

（3）概括地引用上述材料进行事实论证，以充分支持分论点；

（4）准确使用思想政治学科术语；

（5）建议论述篇幅限制在400字左右。

教师组织小组讨论与汇报活动，然后分析、评价学生的讨论结果，引导学生得出相关问题的答案。教师可作如下思路提示：

入世后，在扩大对外开放中，宁波企业以市场为导向，充分利用市场机制，在参与全球经济合作与竞争中优化资源配置，促进经济发展。市场决定资源配置是市场经济的一般规律。市场机制就像一只"看不见的手",引导和调节着资源在全社会的配置。入世以来,走向世界的宁波企业在更广阔的市场与国际巨头展开多元竞争与合作中,促进资源在全球的优化配置,促进宁波经济发展。博威全资收购德国贝肯霍夫公司,并在整合基础上于次年成立博德高科,实现了资源的优化配置,促进了宁波企业的发展,促进了宁波经济的发展。

入世后,宁波在更加开放的条件下,通过高水平对外开放,在互惠互利的共赢中发展更高层次的开放型经济,促进经济高质量发展。对外开放是我国的基本国策,开放是当代中国的鲜明标识。中国经济要实现高质量发展,必须在更加开放的条件下进行,更加主动地参与和推动经济全球化进程,发展更高层次的开放型经济。入世 20 年来,竞相在宁波安营扎寨的外资企业与时代共舞,创造了一个又一个"宁波传奇"。外商投资企业以不到全市企业总数 3%的数量,创造了近 1/3 的外贸进出口额、1/4 的地区生产总值、1/5 的财政收入和 1/6 的城镇就业,在发展更高层次的开放型经济中促进了宁波高质量发展。

第三节　思政课教师的深度学习

一、教师首先成为深度学习者

教育教学理论与实践表明,学生浅层学习是影响课堂教学效果提升的一个重要因素。对于思政课教学来说,也是如此。尽管随着教学改革的不断深入,不少教师对新课改理念日益认同,并将改革理念努力付诸教学实践之中,但在相当长时期内,思政课在一定程度上依然存在着重知识教学、轻能力培养,尤其是轻高阶思维能力培养的现象。这种以对知识的孤立记忆、非批判性接受为主的学习方式属于浅层学习。即便在课堂上出现了合作学习与探究学习,即便其学习方式被冠以"研究性学习"的称谓,也改变不了浅层学习的实质。不仅如此,无论是知识的学习还是参与社会实践活动,无论是在"思政小课堂"上还是在"社会大课堂"上,只要其教学目标主要是让学生简单识记和非批判性地理解知识,那么学生的学习认知水平就依然停留在浅层次上,学生的思维水平也只能在低阶思维层次上徘徊,最终影响思政课育人成效。不难想见,学生浅层学习状态亟须改变,而其背后折射的则是对学生学习方式转变的期待。

不必讳言,思政课上学生浅层学习的现象在一定程度上与教师关系密切。因为教师是课堂教学的组织者,是教学活动的设计者和实施者。教师所秉持的教学观念、所实施的教学方式直接关系到学生所采取的学习方式。事实上,思政课教师所拥有的促进学生深度学习的教学能力也直接关系到学生深度学习的成效。实现学生学习方式转变需要从教师教学方式的转变开始,促进学生深度学习的发生需要思政课教师首先成为深度学习者,因为"对于学生学的讨论势必需要关注到教师自身的学习方式及其变革。难以想象,一个不懂学习意义及其相应策略的教师可以在教学实践中真正实现学生学习方式的革新。可以说,学生深度学习实现的前提基础之一就是教师对深度学习的理解及其实践"[①]。

对于我国教师深度学习的现状,有学者表示,当下实践中教师的深度学习由于种种原因还未赢得广泛的重视,至少还未在教师发展及其专业生活中产生应有的作用。表现之一,教师的学习更多表现为被动应对状态,更遑论深度体验的学习参与了。表现之二,教师对知识理解的浅表化。这是一种工具的、机械的学习观,其目的是应对最终的考核评估,缺乏学习者对知识的深层理解与建构。表现之三,将教学活动简化为知识传递,教师等同于知识传递者。[②] 以上所指出的教师深度学习现状,思政课教师亦概莫能外。那么,什么是思政课教师的深度学习? 思政课教师开展深度学习的可能路径又是怎样的? 这些无疑都是我们必须直面的问题。

---

① 张燕,程良宏.教师的深度学习如何深入:学习要素的视角[J].当代教育科学,2019(8).
② 张燕,程良宏.教师的深度学习如何深入:学习要素的视角[J].当代教育科学,2019(8).

二、思政课教师深度学习的内涵阐释

由于思政课要解决学生理想信念问题,要教会学生科学的思维,因而思政课教师给予学生的不应该只是一些抽象的概念,而应该是观察认识当代世界、当代中国的立场、观点和方法。"虽然我们无法直接对价值观本身施加有效影响,但通过对学生学习行为和实践行为的引导,我们可以落实价值观教育任务,形成正确价值观培育。"①由于思政学科的独特学科属性,思政课教师的深度学习既区别于其他学科教师的深度学习,也有别于学生的深度学习。我认为,思政课教师深度学习是指思政课教师为落实立德树人根本任务,实现有效的价值引领,在个人教学现场、集体教研现场和课题研究现场等场域,基于对教育教学实践问题的诊断与分析,在理解基础上开展的批判性学习,注重达成知识的社会意义建构与迁移应用,以有效解决思想政治教育教学实践问题为旨归。需要说明的是,尽管外部研修也是教师深度学习的重要场域,但由于在这一场域引发教师深度学习的机制主要是就教育教学实践问题凝聚集体的智慧。因此,这里把外部研修场域引发的教师深度学习归并到集体教研现场进行探讨。

首先,强调思政课作为立德树人关键课程独特的学科属性。对于思政课教师来说,通过深度学习,在教育教学实践问题解决的过程中,要寓价值观引导于知识传授之中。思政课教师深度学习强调基于教育教学实践问题的诊断与解决,在个人教学现场、集体教研现场和课题研究现场等场域开展学习。思政课教师遇到的教育教学实践问题是其开展深度学习的触发点,是其为解决所遇问题而开展学习的契机。

其次,思政课教师深度学习强调在理解基础上的批判性学习,倡导建立对知识学习应有的理性思考与判断:对所学知识并非不加辨析地被动、盲目接受,而是对其持质疑、批判的态度。

最后,思政课教师深度学习强调知识的社会意义建构,不仅指学习者

---

① 李晓东、张璇、刘宇思.新课程标准背景下政治学科能力框架改进研究[J].教育参考,2018(2).

需要能动地进行新旧知识的关联,还要能够在需要时进行多领域、跨学科知识的有机关联;不仅是为了发展学习者的高阶思维能力,更是为了迁移应用以便促进教育教学实践问题的解决,有效实现价值引领,从而更好地促进学生的发展,而不是为了通过学习建构一张华丽炫目的知识结构图谱。思政课教学是一项非常有创造性的工作,因而思政课教师解决教育教学实践问题也常常伴随着知识的创造。但我们还需要十分清醒地认识到,知识只是载体,价值才是目的。

三、思政课教师深度学习的可能路径

"不患人不知,惟患学不至。"思政课教师深度学习要侧重教育教学实践问题,并应致力于教育教学实践问题的解决。个人教学现场、集体教研现场和课题研究现场等场域,是思政课教师重要的活动场所,也是思政课教师遇到教育教学实践问题的主要场域。个人教学现场自我研修、集体教研现场思维碰撞、课题研究现场科研攻关不失为引发思政课教师深度学习的可能路径。

(一)个人教学现场自我研修

课堂是教学的主阵地,课堂教学效果的好坏直接关系到思政课育人成效,思政课教师只有立足课堂、站稳课堂,才有可能取得理想的育人成效。"课堂教学作为教育活动最经常、最普遍的途径和方式,其最根本的追求是促进学生发展。"[1]就目前来看,教师遭遇教学实践问题在给教师带来困扰的同时,也带来了为有效解决问题而开展深度学习的重要契机。以下是一位初中思政课教师在其个人教学现场自我研修引发自身深度学习的一则案例。

F初级中学的思政课教师H老师同时执教九年级六个班级的道德与法治课(为保护研究对象隐私,这里所涉学校与教师均用字母表示)。在执教统编教材《道德与法治》九年级上册第二课"创新改变生活"时,H老

---

① 郭元祥.论深度教学:源起、基础与理念[J].教育研究与实验,2017(3).

师遇到了一个颇令自己困惑的问题：在一个班级第一次上这一课内容时，没有令人信服地引导学生得出"创新是改革开放的生命"的结论，引领学生深刻认同这一观点面临困难。当时课堂上出现的一个突出问题是，在本节课"改革开放以来创新人物事迹分享"环节，学生把目光主要集中在科技领域，而且即便是在科技领域，学生也基本无话可说，教学进程无法推进。当 H 老师改变教学设计，希望引导学生从经济、文化、社会管理等诸多领域来列举创新事例并从中得出结论时，他遇到了更为棘手的问题：自己无法驾驭新的教学设计中的一个重要环节——"从改革开放的历史进程谈创新"。他无法站在一个理想的高度上对学生的回答恰当地总结提炼，从而顺畅地得出教学结论。此刻，H 老师感受到了巨大的"本领恐慌"。

在这一教学难点突破过程中，H 老师开展了相关学习。经过学习、思考，对课堂教学进行再设计、再实践，H 老师在这个环节的教学上最终取得了令人满意的教学效果。

其一，进行教学实践问题的诊断与分析。最初备课时 H 老师认为，对学生而言，"创新是改革开放的生命"这一论断虽有点抽象，但还不至于成为教学中不容易突破的难点。因此，他对课堂上出现的冷场没有充分的思想准备，这显然是对学情理解狭窄、了解不够所致。当 H 老师改变教学设计时，他发现自己无法驾驭"从改革开放的历史进程谈创新"的教学环节。对此，H 老师开展了自我分析与诊断：自身的"四史"知识储备不够，不能形成宽广的历史视野，站在一个理想的高度上对学生的回答进行恰当地总结提炼，不能对学生的回答进行及时而又有把握地引导，因而无法有效服务于课堂教学。

其二，在教学实践问题诊断与分析基础上开展批判性学习。H 老师开始学习教育教学知识和改革开放史知识。同时，在学习改革开放史过程中，H 老师有选择地重点学习有关创新史的内容。

其三，教师已有认知的社会意义建构。H 老师分析课堂教学中学生面对问题无话可说的原因，认识到自己对学生回答问题可能出现的情形估计不足,对学情的理解还停留在浅层次上,认为学情分析就是比较宏观地考察学生学习进程和思维水平等,满足于运用类似于"九年级学生思维更为活跃"这样比较宽泛的描述。通过学习,H老师深刻地认识到了解学情需要关注学生的认知起点。

其四,将所学新知迁移应用到教学实践问题的解决之中。H老师对这一教学环节进行重新设计,设计问题1:请你谈一谈改革开放进程中具有创新性的代表人和事,并加以说明。这是在了解了学生认知起点后的设计,学生有话可说,发言踊跃。教师设计问题2:结合之前的举例说明,从创新的表现、创新的措施和制度、创新的精神价值三个方面,以小组合作形式讨论、交流对创新的认识和理解。其后,教师设计学生展示活动:各小组展示课前分组完成的项目化学习成果,通过成果展示,引导学生从不同的视角了解我国的创新之路。最后,教师引导学生阅读材料,从复杂的历史背景中深化对创新的认识,引导学生水到渠成地得出结论:创新是改革开放的生命。新的教学过程体现了坚持教师价值引导和学生主体建构相统一的新课改理念。

(二)集体教研现场思维碰撞

学校教研组是教师专业成长可依托的最基层组织,是教师获得帮助和指导的最直接、最便捷的一个渠道。加强教研组建设,构建教研学习共同体,是促进教师专业成长的有效途径。集体教研现场是教师深度学习发生的重要场域之一。打磨多种级别的公开课是教研组常见的工作场景。由于公开课是集中展示执教老师教学素养和个人风采的课型,教师在教学准备阶段投入的时间和精力更多。就教师遭遇教育教学实践问题这一点来说,虽然教师执教公开课的次数要远远少于执教家常课,但在一节公开课准备过程中遇到的教学实践问题往往远多于在一节家常课中所遭遇的问题,因此,我们选取公开课教学准备过程作为教师深度学习路径探析的分析对象。打磨公开课的过程往往是一场又一场组内成员甚至组外成员参与的集体对话,这种高质量对话对教师专业发展的作用不容低估。

以下是一位高中思政课教师执教一节区级公开课,在集体教研现场因思维碰撞引发自身深度学习的一则案例。

Z老师在执教统编教材高一年级《思想政治》必修1《中国特色社会主义》第四课第二框内容"实现中华民族伟大复兴的中国梦"时,设计了四个主要环节。环节1:中国梦的本质是实现国家富强、民族振兴和人民幸福;环节2:中国梦是中国人民和世界人民共同的梦;环节3:实现中国梦必须坚持和加强党的领导;环节4:在实现中国梦这一伟大梦想的征程中,青年应该有所作为。为使问题贴近学生实际,有助于增强政治认同,在环节1教师最初设计的问题是:教材介绍了中国梦的本质是实现国家富强、民族振兴和人民幸福,请你谈谈实现这一伟大梦想后对我们个人的影响。为激发学生的社会责任感,培育公共参与学科核心素养,在环节4教师最初设计的问题是:在实现中国梦这一伟大梦想的征程中,青年为什么要有所作为?第一次试讲后,教研组内5位教师中有3位提出,环节1和环节4问题设计引发的学生思考处于低阶思维层次,没能进行高阶思维能力的培养,势必难以实现对学生有效的价值引领。在以上两个环节,学生的课堂回答虽然比较流畅,但在环节1,话题主要集中在实现这一伟大梦想后,我们的生活会更幸福这一角度;在环节4,话题主要集中在青年是祖国的希望、民族的未来这样的宏观理解上。

在从低阶思维培养转向高阶思维培养的教学实践问题解决过程中,在集体教研现场,执教者与组内其他思政课教师开展了如下学习。

其一,进行教学实践问题的诊断与分析。最初备课时,Z老师并没有意识到环节1和环节4问题设计引发的学生思维处于低阶思维,没能进行高阶思维的培养。在试讲时,他还因为学生在这两个问题上都有较为流畅的回答,并且答案基本符合自己的预设而感到颇为满意。当组内3位教师提出关于思维能力培养问题时,Z老师感到颇为惊讶:自己执教时间已在10年以上,对教学要注重培养学生高阶思维问题却并没有相应的清醒认识。

其二,在教学实践问题诊断与分析基础上开展批判性学习。Z老师主要开展高阶思维知识及课堂培养高阶思维技能的学习,通过搜寻并阅读相关的文献,Z 老师认识到组内 3 位教师提出的问题很有参考价值。经过大量文献的阅读,他在较短的时间内不仅增加了关于高阶思维的一些本体知识,也增加了在教学中如何培养高阶思维能力的一些教学知识。

其三,学习过程中与教师已有认知的社会意义建构。高阶思维是建立在低阶思维之上的,离开必要的识记、理解,应用、分析、综合与评价能力培养也将无从谈起。但培养学生高阶思维离不开问题设计,没有问题则难以激发思考,如果设计问题不能有意识地培养高阶思维能力,就可能使思政课教学长期停留在低阶思维能力的培养上。Z 老师并非从来没有注意到关于高阶思维的介绍,但直到执教这节区级公开课,集体教研中教师思维的碰撞促使他更多关注高阶思维的培育并落实到行动中。

其四,将所学新知迁移应用到教育教学实践问题的解决之中。Z 老师不仅对组内 3 位教师提出的问题作了深入思考,而且还及时对相关环节进行重新设计。结合课前教学任务布置,在重新设计的环节 1 部分,Z 老师将原先设计的问题变为课堂活动与问题链的组合,设计"谈谈你心中的中国梦"课堂小调查,设计学习任务 1:结合历史,论证近代以来,实现中华民族伟大复兴为什么会成为中华民族最伟大的梦想(此为课前学习任务)?学习任务 2:结合相关材料概括中国梦的本质,并说出你这样概括的理由。运用学科知识进行论证,结合相关材料概括事物的本质,离不开分析、综合与评价等高阶思维的参与。环节 4 重新设计后的学习任务是:请结合中国梦和你的个人梦,谈谈你的人生规划。这需要学生创造性、个性化地提出自己的设想。做好一份良好的人生规划离不开对未来的预测与选择、辨析与评价等高阶思维能力,理性规划人生的过程也是促进高阶思维能力培养的过程。更为重要的是,通过高阶思维能力的培养,引导学生进行人生规划,自觉把个人命运与国家、民族的命运紧密联系在一起。正如《课程标准》所指出的那样:"只有使学生亲历自主辨识、分析的过程,并作出判断,才能真正实现有效的价值引领。"[1]有研究者深刻地

---

[1]　中华人民共和国教育部.普通高中思想政治课程标准(2017 年版 2020 年修订)[S].北京:人民教育出版社,2020:45.

指出：知识学习的本质是学习者的认知建构和价值重塑。促进知识的化育是一种道德责任，也是师德在教师专业内涵上的重要解释。实现知识的化育，关键在于教师的专业态度和能力。教师要有跟随学生的发展而不断学习的能力、情感与价值。这是责任也是全社会对师德的共识。①

（三）课题研究现场科研攻关

随着对教师专业发展的日益重视，课题研究对教师专业发展的作用受到了相当的关注。在有的研究者眼里，教师教育研究能力的培养应成为教师专业发展的重中之重。"目前人们几乎把'教师成为研究者'当作了教师专业化的同义语，而是否具有较强的教育研究能力，又成为区分一个教师是专业教师还是非专业教师的根本标志。"②在新课程改革日益深入的今天，为解决教育教学实践中遇到的问题，较高质量完成教学任务，思政课教师需要通过深度学习，丰富教育科研知识，提高教育科研能力。

比如，为促进学生的深度学习，教师引导学生在思政课堂上有效开展合作探究，指导学生有质量地完成研究性课程学习等，需要教师拥有指导研究的能力。教师同样需要通过深度学习来提高自身指导研究的能力。校本课题研究作为教师有较多机会参与的课题研究，其"研究目的是为了促使学校形成可持续发展的内在动力机制，促进学校个性化、人本化的建设和发展"，"每一所学校都具有其他学校所不具备的特质，它所发生的一些问题往往是其他学校的研究成果所不能够完全解决的"。③ 在我们身边不乏在校本课题研究中引发思政课教师深度学习的鲜活的实践事例。

2018 年印发的《中共中央　国务院关于全面深化新时代教师队伍建设改革的意见》提出，要促进教师终身学习和专业发展；2019 年教育部等五部门印发《关于加强新时代中小学思想政治理论课教师队伍建设的意见》的通知提出，要全面推进中小学思政课教师队伍建设，全面提升中小学思政课

① 周增为.重视教师专业的更高规范——简论师德的专业内涵与道德自觉[J].人民教育，2022(1).

② 于发友.教师专业发展的五大趋势[J].教育理论与实践，2008(3).

③ 杨骞.校本研究：认识及策略[J].中国教育学刊，2005(7).

教师素质能力,都彰显了新时代呼唤思政课教师提高专业素养,有效承担起思政课育人的时代重任。思政课教师的深度学习将有效推动思政课教师作为专业人员育人能力的提高,以适应时代发展对教师专业素养的要求。"研究与实践表明:教师学习成为教师专业发展的主要途径。通过学习,教师不仅可以在教育智慧、教学实践和道德方面得到更好的成长,还可以改善为师的工作态度和角色认知,使自己成长为对复杂教学情境有很强感悟力和解决问题本领的教师。"①相信随着研究的深入,思政课教师的深度学习研究会涌现出日益丰富的成果,思政课教师的深度学习也将越来越普遍。

(四) 人工智能时代思政课教师的深度学习

除了意味着理解与批判、联系与构建、迁移与应用等,人工智能时代思政课教师的深度学习还"深"在何处? 为便于对这一问题的阐释,这里以思政课教师深度学习习近平总书记"两山论"思想为例。2005 年 8 月15 日,习近平同志在浙江湖州市安吉县调研时用金山银山、绿水青山作比喻,生动形象地阐明了经济发展和生态环境保护之间的辩证关系,首次明确提出"绿水青山就是金山银山"的科学论断。这一著名的"两山论"是习近平社会主义生态文明思想中的核心理念。思政课教师要在教学中胜任"两山论"这一内容的教学,就面临着学好"两山"思想的任务。那么,人工智能时代,思政课教师对这一重要思想的深度学习究竟"深"在何处?

1. 从单向度走向多维度

人工智能时代思政课教师的深度学习强调要克服仅仅了解知识是什么层面的单一维度,而是要从学的维度走向学、教、评的多维度,实现教学意义上的"知行合一"。我们通过互联网很容易就能够搜寻到关于"绿水青山就是金山银山"这一"两山论"思想的阐述。但作为教师的我们,不仅需要学习、了解何为"两山论"思想,还需要通过学习,思考如何运用有效的方式方法,富有成效地开展教学,实现教学目标。比如,借助人工智

---

① 李宝敏,宫玲玲,张士兰.中小学教师学习力测评工具开发与验证研究[C].上海教师,上海:上海教育出版社,2021:117.

能技术,可以高度模拟现实世界,提高学习者学习环境的情境性和沉浸度,让学习者在虚拟世界中感受环境污染与在现实世界中感受环境治理的巨大差别,形成丰富的内心体验,加强对生态文明建设深刻的政治认同。不仅如此,人工智能技术的有效运用,可以实现教师对学生的学习给予及时、适切的评价,同时还使得基于证据的教师的教学反思、教学改进成为可能。

2. 从碎片化走向结构化

人工智能时代思政课教师的深度学习强调克服学习的碎片化而实现学习的结构化,主张通过学习全面把握知识的内在关联。比如,思政课教师在对著名的"两山论"学习上,从对内容了解的角度来说,我们需要从对习近平社会主义生态文明建设思想中的核心理念的了解拓展到对习近平社会主义生态文明建设思想进行全面了解;从具体阅读的内容角度来说,我们既需要阅读习近平社会主义生态文明建设思想中的核心理念("两山论"),还需要阅读《习近平关于社会主义生态文明建设论述摘编》《论坚持人与自然和谐共生》等重要论著;从对思想的发生、发现和发展时序的掌握角度来说,我们可以从对习近平同志首次明确提出"绿水青山就是金山银山"科学论断的了解开始,然后继续学习习近平总书记关于社会主义生态文明建设思想的所有重要论述,以获得完整的思想谱系。

3. 从被动接受走向主动建构

人工智能时代思政课教师的深度学习强调克服被动接受,而走向积极主动参与,为提高教育教学质量而主动规划自己的学习生涯。在具体表现形式上,可以对学习内容进行个性化的组织,进而形成自身的知识体系,这既是实现知识结构化学习的重要方式,也是主动建构式深度学习的重要体现。比如,通过对著名的"两山论"的学习,我们不仅需要结构化地掌握习近平社会主义生态文明建设思想,建构起知识的内在关联,形成知识网络,还需要从教学视角,借助人工智能技术,通过检索与匹配相关内容,主动建构习近平社会主义生态文明建设思想与统编教材教学内容之间的有机关联。比如,可将习近平社会主义生态文明建设思想的内容和高中思想政治统编教材必修 2 第三课"我国的经济发展"相衔接,这一重要思想是绿色发展、协调发展等新发展理念的重要思想来源;也可以和必修 4 第三课"把握世界的规律"相衔接,世界上的一切事物都包含着既相互对立又相互统一的两个方面,经济发展与环境保护犹如鸟之双翼,车之两轮,共生共存,相辅相成。

第四节 引导深度学习——指向高阶思维能力培养的教研案例

一、教研主题确定动因

(一)助推教师提升培养学生高阶思维的能力的教研背景

1. 长期徘徊在低阶思维能力培养层次的思政课堂教学现状亟须改变

尽管"高阶思维"这一概念源于布鲁姆的教育目标分类理论和加涅的学习理论,但时至今日,对其研究则早已超越了上述理论范畴。虽然对于何为高阶思维的内涵尚无比较一致的界定,研究者们对高阶思维的内涵所持观点存在着差异,但可以认同的是,高阶思维能力离不开(布鲁姆的教育目标分类和加涅的学习理论中包含的)应用、分析、综合和评价能力。作为一种系统的结构,思想政治学科高阶思维必然涵盖学生在认识世界和改造世界的过程中表现出的运用马克思主义的科学世界观和方法论对个人成长、社会进步、国家发展和人类文明作出正确价值判断和行为选择的一种智力和能力。

较长时期以来,很多课堂教学中存在着重知识教学、轻能力培养,尤其是轻高阶思维能力培养的现象。尽管目前思政课学习就是"贝多芬"(背得多考试分数就高)的认识已大有改观,但在教学实践中,这一认识的惯性力量依然存在。就教学目标的设定来看,虽然有一些教师设定的教学目标偏高,但更多的情况则是教师设定的教学目标经常是偏低的。比如,教学目标主要是让学生识记、理解和进行一些简单的应用,导致学生的思维水平徘徊在低阶思维层次上,分析、综合和评价等能力难以得到有效培养。就思想政治学科高阶思维表征来看,作为一种发生在高层次的、复杂的认知过程中的心智活动,它集中表现为学生在比较鉴别中展开分析、在价值冲突中展开辨析、在社会实践活动中展开创造的综合能力发展未能得到较好地实现;从思想政治学科任务划分的角度来看,因教学未能关注对高阶思维能力的培养,学生的思维水平长期徘徊在低阶思维层次上。

可以这样认为,完成思想政治学科主要任务的能力可以被视为核心素养培育视域下的关键能力。"高中思想政治学科确定了四项基本的学科任务:描述与分类,解释与论证,预测与选择,辨析与评价。"[1]当然,这四种能力或许不是关键能力的全部,但这些关键能力得不到培养,学生学习的积极性就很难被有效激发,学科核心素养的培育势必难以达成,学科育人价值也就不能得到相应的体现。

通过教学,改变长期徘徊在低阶思维能力培养层次的教学现状,关注学生高阶思维能力的培养应该受到应有的重视。这不仅是改变长期以来重知识教学、轻能力培养现状的需要,更是培养适应时代发展的合格公民、高素质建设人才的需要。

2. 有效培养学生高阶思维能力需要一支具备相应素质的思政课教师队伍

学生是教学对象,是教学设计的服务对象,促进学生的发展是教学工作的落脚点。"促进学生高阶思维能力发展"是贯彻"以学生为中心"教学改革思想的重要准则。教师只有自己首先具备了相应的能力,才能在教学中更好地关注高阶思维能力的培养,通过教学切实培养学生的高阶思维能力,促进学生的发展。在教学实践中,当前,教师在问题意识、理论联系实际意识、实践创新意识上尚需加强;在培养学生思维能力(包括学习理解力、实践运用力、迁移创新力)方面存在较大的上

---

① 陈友芳,朱明光.核心素养本位的思想政治学科学业质量评价的策略与指标[J].中国考试,2016(10).

升空间；在培育学生具备历史思维、批判思维、系统思维、辩证思维、实践思维、创新思维等思维方式方面也需要提高。教师需要更好地培养学生运用辩证唯物主义和历史唯物主义观察问题、分析问题和解决问题的能力，以使得思想政治学科高阶思维水平层次更深刻、更综合、更灵活。显然，作为推进大中小学思政课教师队伍建设的一个重要举措，对于在中小学思政课中开展高阶思维能力培养的教研问题，需要给予应有的关注。

3. 教研是教师提升高阶思维能力，促进专业发展的重要引擎

教研是保障教育质量、促进教育内涵发展的重要机制，也是教师专业发展的重要引擎。特别是改革开放以来，上海教研主动适应课程各阶段改革需要，确立教研工作重点，调整教研方式，履行教研职能，为探索新时代教育主题而不懈努力。

"教研让教师的经验得到传播和分享，让教研活动参与者和组织者共同经历从普通到卓越的全过程。"[①]值得期待的是，教研在促进教师专业发展，提升高阶思维培养能力方面将有所作为。

通过教研，引导教师更新教学观念，关注高阶思维能力的培养。较长期以来，教师在备课中往往对教材内容关注比较多，对按时完成以知识与技能为主体的教学任务高度重视，但对于通过教学培养学生的高阶思维能力认识不足；有的教师试图在超越识记、理解和应用教学目标方面做一些尝试，但教学实施的路径分析和实施过程还不够科学，基本上停留在经验判断的层面上。为培养学生高阶思维，需要教师更新教学观念，改变教学行为。

通过教研，引导教师认识到高阶思维能力培养与学生认知起点存在紧密联系。在日常的思政课教学中，具有关注学生认知起点意识的思政课教师，能根据平时的观察与已有的教学经验去估测学生的生活经验和学习经验，尽管这样的预测可能也不尽准确。有时，面对精心设计的活动，学生却时常没有跟着教师的教学设计走。这是因为教师的教学设计

---

① 上海市教育委员会教学研究室.案例锚定主题（中学卷）[M].上海：上海教育出版社，2020：序言.

脱离了对学生认知起点的准确分析,要么起点偏低,学生提不起兴趣;要么起点偏高,学生"跳一跳"也够不着,难以开展探索活动。因此,通过教学培养学生的高阶思维能力需要了解学生的认知起点。

通过教研,引导教师践行高阶思维能力培养应更多地建立在"自主学习"的基础之上。《课程标准》指出,应改变学生的学习方式,开展自主、探究与合作学习。① 大量低阶思维层次的教学无法激发学生的求知欲望、探索欲望。值得开展的学习才是富有价值的学习。教学目标的本质是课程目标与学生实际的结合,也就是"学习"的目标。"高阶思维能力培养目标"的精准设定,将直接影响教学目标设定的准确度和有效度。

4. 建立教研共同体是促进高阶思维能力培养的重要途径

"独行快,众行远",促进教师具备培养高阶思维的能力离不开教研共同体。虽然思想政治学科高阶思维发生机制包含个体性因素,这一因素在教师成长中具有重要地位,但也包含社会性因素和交互性因素。除了可以共享更多的学习资源,更好地提升涉及人际领域的社会性素养,比如合作技能、沟通技能等以外,教研共同体所营造出来的社会文化情境是教师培养高阶思维能力深度建构不可或缺的背景。在这个共同体中,教师们的思想观念在一次次碰撞中走向具体和深刻,实现学习效果的有效提升。可见,单向度的、脱离学习共同体的个人研修,实际上经常无法达到意义的深度。长期的教育教学实践表明,建立教研共同体是促进高阶思维能力培养的重要途径。

(二)教研主题的思考与确定

在当前的思政课教学中,对学生高阶思维能力的培养普遍较为匮乏,低阶思维层次的教学充斥着课堂,影响了学生思维能力的培养与提升。教学中需要改变这一状况,就需要关注学生高阶思维能力的有效培养,通过思政课教学切实提高学生高阶思维能力。

---

① 中华人民共和国教育部.普通高中思想政治课程标准(2017年版2020年修订)[S].北京:人民教育出版社,2020:41.

教师具备高阶思维能力、转变教学观念和关注学生认知起点等,对于促进学生高阶思维能力培养至关重要。为此,可设置一个区域教研主题:"统编教材使用背景下促进高阶思维能力培养的思政课教学"教学研讨。开展这一主题教研对于提高思政课教学的针对性、有效性富有意义。通过教研开展培养学生高阶思维能力的教学实践活动,促进教师反思思政课如何真正体现"促进学生发展"的教学思想,并且在课堂教学行为上有所改善。

这一主题教研活动主要包含公开课教学、结合公开课教学点评进行高阶思维能力培养的专题(微)讲座、教师参与的教学研讨等形式。

二、主题教研期望目标

(一)初步认识培养学生高阶思维能力的重要性

通过听专题讲座和观摩教学,教师初步了解培养学生高阶思维能力的重要性,在理论和实践上有一定的认识,能认识到关注学生高阶思维能力培养与学科核心素养培育的紧密关联,并能自觉地在教学中关注学生高阶思维能力的培养,做学生高阶思维能力自觉、积极的培养者。

(二)了解高阶思维能力培养的基本步骤

通过研讨,引导教师认识到,在实际教学中关注学生高阶思维能力培养的基本步骤,在教学中有效落实学生高阶思维能力的培养,提高培养学生高阶思维能力的有效性。

(三)增强培养学生高阶思维能力新方法的意识,提高教学有效性

通过教研,增强教师在教学实践中积极尝试培养学生高阶思维能力新方法的意识,在有效落实学生高阶思维能力的培养过程中,提高教学的有效性,尤其是在统编教材推行的背景下,将思政学科统编教材使用与提高思政课课堂教学有效性紧密联系起来,做提高思政课课堂教学有效性的自觉践行者,并以此促进自身专业的进一步发展。

三、主题教研整体规划

（一）教研活动设计

组织以公开课观摩和点评为载体的教研活动。参与本次教研活动的策划、组织和实施的团队主要由区教研员、统编教材研修小组成员、区部分学科带头人、执教高一思政课的全体教师。活动方式以交流研讨为主，基本流程包括教研主旨宣讲、执教老师结合公开课教学思路阐述对统编教材教学的理解、区域教研员做关于学科高阶思维能力培养的微报告、教师观摩教学、集体研讨、教研员作总结提升等教研活动。

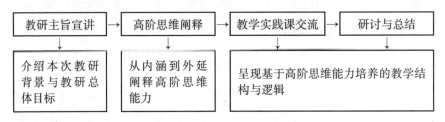

图4　公开课研讨活动流程

（二）主题教研活动准备

1. 重点环节设计

确定教学内容的选择与分析。以"实现中华民族伟大复兴的中国梦"一课教学部分设计为例。由于教学改革所处时期的不同，教师秉持的教学理念、拥有的教学技能等的不同，也由于教无定法，同一节课，由不同教师执教，从教学设计到教学效果等，都不尽相同甚至区别很大。尽管要判断孰优孰劣往往颇为不易，但站在特定角度分析问题，多数时候可以得到比较一致的一些看法。值得指出的是，如果一名教师就同一节课设计的前后几份教学设计具有显著的差异，尤其是体现出对学生思维能力培养的高阶与低阶的区别，这是可喜的，值得研究的。

2. 基本流程设计

本系列主题教研活动的教学实践研讨活动采用了相同的基本流程（见表17），参与活动的教师对流程基本熟悉。

表 17　教学实践研讨基本标准

活动环节	具 体 内 容	设 计 说 明
1. 活动说明	(1) 阐释本次公开课教学研讨的统编教材推行背景	以课为载体,研究统编教材的教学理念、教学行为的转变
	(2) 介绍课堂教学应关注学生高阶思维能力的培养	课堂教学应如何关注和培育学生高阶思维能力
2. 集体观课	教师执教"实现中华民族伟大复兴的中国梦"一课	通过观摩课堂教学,阐释教学意图
3. 互动研讨	(1) 执教老师阐释教学设计思路	阐释对本节课教学设计的思考
	(2) 参加研讨的老师谈观课感受	各抒己见,谈自己的观课感受
	(3) 观课老师与执教老师就共同关心的一些问题进行交流	相互启发、相互促进
4. 持续研讨工作布置	(1) 小结本次公开课教学研讨的收获	对活动进行总结提升
	(2) 后续教学研究工作的设想交流	教学研究需要持续进行

四、主题教研活动实施

(一) 主题阐释

1. 本次公开课教学研讨背景

(1) 统编教材的使用与推广;(2) 提高课堂教学有效性一直是教学应该关注的问题,其中,促进学生高阶思维能力的培养是提高课堂教学有效性的重要方面。

2. 一般来说,促进学生高阶思维能力的培养主要需要通过课堂教学来实现

教师需要在课堂教学中充分关注对学生高阶思维能力的培养。从教学目标上来说,需要通过教学来促进学生高阶思维能力的培养;从具体的

教学实施来说,这一高阶思维能力的培养应该集中体现在问题的设计与解决上。

3. 关注课堂教学活动

在课堂教学目标、流程确定的基础上,为促进学生高阶思维能力的培养(包括建立在学生对知识的识记、理解与应用基础上的分析、评价和创新能力的培养,比较鉴别中展开分析、在价值冲突中展开辨析、在社会实践活动中展开创造的综合能力培养,描述与分类、解释与论证、预测与选择、辨析与评价等关键能力的培养等),针对具体教学内容开展教学活动。

(二) 展示研讨

本次现场教研主要包括两个关键环节:课堂教学实践和主题微报告。其中,课堂教学实践是体现教研主题的载体,主题微报告展示教研主题的形成及实践过程。

1. 课堂教学展示

公开课执教老师执教高一年级政治统编教材必修1《中国特色社会主义》第四课第二框内容"实现中华民族伟大复兴的中国梦",着重体现课堂教学中对统编教材教学理念的理解;通过课堂教学对促进学生高阶思维能力培养的阐释。摘取其中两个探究环节阐述、研究对学生学科高阶思维能力培养的课堂教学设想。

三维目标理念下的教学目标是分为知识和技能,过程与方法,情感态度、价值观这三个维度来设定的。这样设定教学目标,人为割裂了学科核心素养。而学科核心素养培养理念下的教学目标是对三维目标的有机整合。针对"实现中华民族伟大复兴的中国梦"一课,教学目标可以这样设定:通过回顾历史和观照现实,明确近代以来中华民族最伟大的梦想,理解中国梦的本质;理解中国梦是人民的梦,同时也与世界人民的梦想息息相通;了解新中国成立以来中国共产党建设社会主义现代化国家的目标和步骤;理解中国共产党人的初心和使命,增强"四个自信";明确青年学生的社会责任和历史使命,为实现中国梦而奋斗,提升政治认同和科学精神等素养。

值得指出的是,教学目标的设定并不唯一。即使都是基于核心素养培育的理念,对同一节课,不同执教者设定的教学目标亦有可能不尽相同。

探究与分享一　中国梦是怎样的一个梦?

教学设计一　请同学们阅读教材,然后回答中国梦的本质是什么?

教学设计二　课堂小调查:谈谈你心中的中国梦。

问题1:近代以来,实现中华民族伟大复兴为什么会成为中华民族最伟大的梦想?

问题2:能否结合相关材料概括中国梦的本质,并说出这样概括的理由?

教学设计一中,请同学们阅读教材,然后回答中国梦的本质是什么,这样的教学设计是对知识的理解(更准确地说是对知识的复述),显然属于低阶思维。教学设计二对学生搜集与筛选材料、分析问题、解决问题能力提出了更高的要求。从思想政治学科任务划分的角度来看,描述与分类、解释与论证的关键能力在此处得到了一定训练;教师在培养学生具备历史思维、系统思维、辩证思维等思维方式方面也作出了尝试。

探究与分享二　在实现中国梦这一伟大梦想的征程中,青年何为?

教学设计一　通过教师讲解,引导同学们认识到在实现中国梦这一伟大梦想的征程中,青年应该有所作为。

教学设计二　请结合中国梦和你的个人梦,谈谈你的人生规划。

教学设计一这一教学活动是建立在教师分析的基础上,让学生接受结论:在实现中国梦这一伟大梦想的征程中,青年不应碌碌无为,而应该有所作为。在引导学生树立正确的价值观念之外,侧重的是对学生理解能力的培育。而在教学设计二中,让学生结合中国梦和个人梦,谈谈人生规划,这需要学生创造性、个性化地提出自己的设想,预测与选择、辨析与评价等关键能力得到了一定程度的培养;教师引导学生树立问题意识、理论联系实际意识、实践创新意识有所体现;教师在培养学生思维能力,包括学习理解力、实践运用力、迁移创新力方面开展了积极的实践。这些都有助于促进思想政治学科高阶思维在水平层次上更深刻、更综合、更灵活。在这样的教学设计和教学实施中,学生的学习积极性得以激发,这是识记、理解等低阶思维活动所无法比拟的。

2. 主题微报告

教研员介绍教研活动意图并作专题微报告。教研员简要介绍本次教研活动的意图,作专题微报告"基于统编教材使用与高阶思维能力培养的政治课教学",指出教师在备课和上课时需要做充分的教材分析;关注促进学生高阶思维能力的培养,这是重要的教学能力。评价教学是否有效,这两方面是重要的观察指标。

五、主题教研反思与分享

(一)收获与共识

1. 要发挥"教学理念的实践先行者"作用

教学理念的更新是一个逐步推进的过程。本次活动由区教研员执教,目的是通过"教学理念的实践先行者"示范,引导教师们把握理论、积极实践,起到一个带动的作用。区别于区级公开课中执教老师的课往往事先已进行了几次研讨,由教研员组织部分骨干教师进行"磨课",这节课是教研员自己对统编教材推行背景下开展的教学思考的一次呈现。

2. 教研员要有新教学理念的引领意识和引领能力

学科教研员不仅要具备组织和预设教研活动的专业优势,做教研主题的最终策划者,而且应有效承担起传递、对接教育理论与实践的重任。教研员要有引领意识和引领能力,将教育理念转化为具体的教学行为。教研员不仅是崭新的教学理念的诠释者,更是崭新的教学理念的践行者。教研员要在实践中提高发现问题的敏锐性,以独特的视角揭示和确立教研主题,才能使教研工作呈现常研常新的态势。教研员要在平常的教研工作中逐渐提高自己的教学理念的引领意识和引领能力,善于梳理、提炼、加工,并努力将新理念落实过程中发现的问题加以解决,将在其中得到的体会等进行提炼，使之指导具体教学行为，通过教研活动的组织与实施，影响教师，实现其教育理念的提升和教学行为的改良。

3. 与会教师认真发表自己的看法

围绕教研主题，参与教研活动的教师积极发言，分享智慧。教师们的主要体会如下：

关注学情有利于推进课堂教学。学生在课前对一些问题的认识并不是一张白纸，而是有自己一定的看法与见解，但还存在片面、零碎、肤浅甚至是错误的认识，需要教师在了解的基础上予以修正、澄清、引导。教师了解了学情，才可能更好地把握教学重点，组织教学内容。

课堂教学在关注学情的基础上要有意识地推进高阶思维能力的培养，有助于提高教学的有效性，提高教师的教学效能感，帮助学生更好地发展能力，实现教师与学生的共赢。

关注问题设计与解决。对通过设问来培养学生的高阶思维要给予充分的关注，这是培养学生高阶思维能力的重要基础。设计的问题要既能够引发学生思考，又能够使其经过思考得以解决；既有个性化的问题，又有共性的问题。问题设计要避免两个倾向。一是问题比较简单，无法激发学生思考的热情；一是问题过于艰深，难以引发学生的思考，导致课堂教学的"冷场"。这涉及对学情的了解，包括对学生学习状况、需求、经验等的了解，教师要善于捕捉学情，使之更好地服务于课堂教学。

培养学生高阶思维能力虽然很不容易，需要花费更多的时间，投入更多的精力，但对于教学是十分重要的，教师应该重视培养学生高阶思维能力并积极尝试。

（二）问题与分析

通过这样一次主题教研活动，教师们在共同学习、探讨与研究中，发现需要进一步思考和改进的地方：

第一，统编教材推广伊始，就需要树立对教学中遇到的问题进行积累的意识。在统编教材推广过程中，难免会遇到一些新的教学问题甚至新的困难，教师在日常的教学和研讨中要积极梳理这些新问题，这样可以为解决问题，更好地落实新课改理念创造条件。比如，面对教学内容较多、一些知识抽象程度高等问题，如何解决？这一问题就值得重视。在教学中遇到的问题需要在不断的研究中及时加以解决。

第二，需要系统总结，通过教学落实新课改理念。课堂是教育教学的主阵地，应通过持续的探讨，揭示培育学科核心素养与以往教学的区别主要体现在哪里，树立长远的研究意识。

第三，更鲜明地体现出落实新课改理念，培育学科核心素养与培养学生高阶思维能力的内在关联，并在教学中更好地回应这些内在的关联。应通过持续的探讨，更好地进行评价情境的创设及问题设计，引导学生在比较鉴别中展开分析、在价值冲突中展开辨析、在社会实践活动中展开创造的综合能力发展，以发挥教学评价的导向和激励功能，更充分地体现出对学科高阶思维能力培养的引导。

第四，应合理定位新课改理念下的知识教学。其一，高中政治基础型课程进行一定的知识教学是必要的。对于学生较难理解、比较抽象的一些概念、原理，显然需要教师在教学中投入相应的时间、精力，这不仅是较好地完成课堂教学任务的需要，也是学生进一步获取知识，提升情感、态度、价值观的要求。我们肯定必要的知识教学在高中思政课教学中的重要作用，但并不赞成片面地强调知识教学。相反，我们所必须摒弃的一个理念和做法恰恰是：把教学目标或教学的基本任务定位于仅仅是正确地传递和掌握课程知识。在当前的教学实践中，在部分教育者身上一定程度上仍然存在偏重知识教学的现象，或虽在主观上力图重视学生学习能力培养、正确的价值观的形成，却在事实上走不出偏重于知识教学窠臼的现状（尽管这已经部分地属于怎样将科学的教学观念转化为有效的教学行为的问题）。

其二，能力培养、情感态度价值观的提升应与必要的知识教学相结合，并相互促进。我们不应因强调教会学生学习就简单淡化甚至否定基础性课程视角下知识教学的必要性与重要性，也不应否定知识促进学生智慧生成、促进学生情感态度价值观的提升作用。如果说，我们已满怀热情投身于新课程改革的实践之中，并真诚期盼课程改革取得巨大的成功的话，那么激情过后应进行理性反思，尤其是应谨防教育中缺乏扎实基础的"豆腐渣"工程的出现。不难理解，基础越好、越扎实，就越有利于学生将来的发展。

其三，寻求富有意义的教学方式。富有意义的教学方式应该是遵循教学规律、适应课程功能发挥需要的教学方式，是有助于有效贯彻新课改理念的教学方式。归根结底，富有意义的教学方式最终应该有助于促进学生的健康成长和社会的持续进步。由于教育教学工作是一项充满创造性的工作，也由于具体情况的复杂性，如何合理确定高中思政课知识教学的地位仍然值得继续研究。同时，如何合理确定高中思政课所应采用的教学方法，既不使必要的知识教学被忽视，又不使积极而恰当的探究活动被排斥于课堂教学之外，这是一个值得关注的问题。

（三）反思与展望

其一，"双新"背景下符合新课改要求的教学需要建立教研共同体，提供相应培训。基础教育阶段统编教材推广使用带来的不仅是教学内容的一些变化，还要求教学理念和教学行为发生相应的变化。当前，随着统编教材的推广使用，"双新"背景下的全方位、多层级教学培训蓬勃开展。比如，从区级层面来看，上海各区都组织了形式多样、多时段、多层级的区域内教师培训，以提高教师专业水平，提升教学能力，更好地落实新课程标准，提高学科教学有效性。其中，有区域开展了引导学生深度学习，促进高阶思维培养的区域教研活动。即使是部分成熟期教师，由于面对的是"双新"背景下的教学要求，也渴望获得教育培训。在课程要求总体提高、编制整体控制的情况下，部分思政课教师面临着要跳出原来"舒适区"的重大挑战，教师观念和行为的改变、素养和能力的提升都有一定的难度。

其二，本次教研活动只是专题研究的初步尝试。以观摩一节课来引导教师关注学生高阶思维能力的培养，关注深度学习，并以微报告的形式做总体介绍。以后还要持续组织多次专题研讨。如，课前采集专题、课中捕捉与应对专题、现场思维加工、进一步研究促进学生高阶思维能力培养的有效途径等,使本主题的研讨系列化,更有持续性,促进教师将培养学生高阶思维能力作为备课与教学的一个不可或缺的重要组成部分,并使之成为一种良好的备课习惯和常态的教学行为。应该说,随着教育教学改革的不断深入,教师教育教学观念更新、教育教学技能的提高永无止境。在这个意义上,培养学生高阶思维能力的相关研究一直在路上。

其三,重视混合教研促进思政课教师专业成长,助力引发真实学习。促进学生深度学习需要教师具备一定的专业素养。混合教研有助于更好地促进思政课教师专业成长,助力学生深度学习,引发真实学习。与传统线下教研相比,线上教研的一个重要优势在于这种方式节省了相当一部分时间。教师不必将时间花费在往返参与教研的路途上。每次参加传统线下教研活动,教师花费在往返路途上的时间有时可达两三个小时甚至更多。而作为教师专业成长的重要途径,无论是开展自主学习、行动研究,还是教学反思等自我研修,都需要宝贵的时间。同时,很多一线教师由于自身教学任务较为繁重,备课、上课、批改作业、课后的答疑解惑需要不少时间;有的还身兼班主任或团队工作等,这些事务处理同样需要时间,教师用于专业发展的自我研修时间相对更少。线上教研为教师节省下宝贵时间,为教师开展自主深度学习、深度教学行动研究和课后反思等促进专业发展的活动创造了重要条件。

线上教研一定程度上更好地满足了教师对学科教研的需求,因为线上教研突破了线下教研所受的时空限制,可以根据需要较多次地安排教研活动,包括全市范围内、区域范围内和学校范围内的教研活动,更好地满足教师对教研活动数量上的需求。为便于学校和教师安排教学工作,一般区域会确定一周中的某一个半天或某一整天为区域和校本学科教研时间。比如,S市某区规定每周一的下午半天为全区域高中政治学科教研活动时间,多年不变。每周的周一下午或安排全区高中政治学科教研活动,或由学校安排校本教研。一般会根据需要,由区教研室优先安排教研活动,如一周内学校没有接到区教研室安排的教研活动通知,则可由学校根据自身的研讨需要作出校本教研安排。这样的教研活动因受时空限制较多，次数依然不多。而线上教研则可安排在工作日的任一个或几个时间段，只要教师们能达成一致即可。同时，线上教研最大限度地克服了教师因事不能现场参加教研的困难。比如借助有回看功能的钉钉、CCtalk 等教育平台开展的教研，无需教师实时同步参加教研，教师在方便时收看线上教研活动回放即可。

此外，利用线上教研，区域教研员可根据需要和自身条件，邀请全国各地甚至是海外的专家学者为教师们举行教学讲座、开展经验交流等。这就使得教研意义上的大范围、大智慧融合成为可能，为教师的专业发展提供了更广阔范围内的优质教育教学资源，有助于提高教研活动的质量，为教师的专业发展提供更多的智力支持。

当然，传统线下教研方式对促进教师专业成长的独特影响或将长期存在。这里分析归纳出的线上教研诸多优势是与传统线下教研相比较而言的。但伴随大规模在线教研的出现，教师们对线下教研并没有疏远。恰恰相反，经历线上教研后，几乎所有的教师都更为清晰地体会到了参加线上教研无法感受到的线下教研的一些长处。线下教研时，教研员与教师之间，教师与教师之间，包括有学生参与的公开课教学中师生之间面对面（即时）交流的现场感等独特优势是线上教研所不具备的也是难以取代的。可以想见，传统线下教研方式或将长期积极地影响着教师的专业发展。

混合教研实现了线上、线下两种教研形式的优势互补。在信息技术支撑下的线上教研与传统线下教研，两者各有优势，也各有一些不足。两者不是相互取代的关系，而是应优势互补，相互配合使用。如此方可相得益彰，交相辉映。在信息技术飞速发展的时代，教研顺应时代要求，是必然选择。

第七章 以评促学,实现教而让学引发真实学习

    教学评价具有导向、鉴别、反馈、调节、激励功能,从而实现教而让学引发真实学习。无论是对教师的教学评价还是对学生的评价,都既包含外部评价(来自行为主体之外),也包括自我评价(来自行为主体自身)。这种来自不同行为主体的评价都具有积极意义。正是在这个意义上,如果教师的教学活动能够较好地实现教而让学引发真实学习,对于教与学双方来说都可以产生积极作用,这样的教学活动无疑是值得肯定的。

第一节　教学评价助力教而让学
引发真实学习

一、教学评价的内涵阐释与分类

　　人们对教育教学评价的关注由来已久。教学评价不止于考试评价，尽管考试评价的历史最为悠久。一般认为，关于课堂教学评价与测量的研究始于 20 世纪 60 年代的美国。例如弗兰德斯（N. A. Flanders）基于社会心理学理论开发出"师生言语互动分析系统"（FIAS），旨在评估社会情感氛围对学生态度和学习的影响。①

　　近年来，我国教育界关于"教学评一体化"改革的呼声日隆。"教学评一体化"改革强调让学生学习、教师教学、考查评价相互融合、彼此促进，从而实现以评促学、以评促教、教学评一致。"教学评一体化"改革一方面希望基于学生核心素养进行全面评价，以不断促进学生的全方位与立体化成长；另一方面希望通过对学生发展的过程性与终结性评价，促进教师反思并改进教学方式，推动学习方式的改变，从而使教师的"教"更好地服务于学生的"学"。

　　一般而言，教学评价是指以教学目标为依据，按照科学的标准，运用有效的技术手段，对教学过程及结果进行测量并给予价值判断的过程。② 教学评价一般分为过程性评价与终结性评价。在进行评价时，我们既需要关注学生在学习过程中的表现，即过程性评价；也需要关注学生在阶段学习完成后所达到的学科核心素养水平，即终结性评价。需要强调的是，在进行教学评价时需要关注评价主体的多元化和评价方式的多样化。单一的甄别与选拔性教学评价显然已不适应强调核心素养培育时代的评价要求，教学评价的一个基本原则是多元化：从评价的主体、内容

---

① 转引自杨明全，赵瑶.美国：构建基于课堂观察的教学评价系统［J］.教育家，2022（44）.
② 杨海军.思想政治教育情感载体研究［M］.北京：人民出版社，2019：237.

到评价方法都应多样,要充分考虑学生的个性化特点。

二、教学评价: 实现教而让学引发真实学习的内在机理

(一) 教学评价导向功能

教学评价具有导向作用。对于学生来说,真实学习活动的发生不仅能够促使自己学有所获,而且如果能得到积极正向的评价,无论是过程性评价还是终结性评价,都将对推动学生持续期待、积极参与能够引发真实学习的学习活动之中。比如,对于学生的学习而言,教师和学生双方在教学情境下、在问题驱动下进行有效的教学互动,教师创设教而让学的学习环境,让学生积极主动投入学习,在知识学习的过程中成为一个经历者、探寻者、创造者,在不断探寻意义的过程中获得精神的发展,将有助于持续引发真实学习。

对学生的学习评价是如此,对教师的教学评价亦是如此。如果将教师的教学是否具有引发真实学习的成效作为一个重要的教学评价标准,则将对推动教师的教学更加注重引发真实学习具有积极意义。不然,无法引发真实学习的课堂可能就会充斥于教师的日常教学活动中。

(二) 教学评价鉴别、反馈与调节功能

教学评价具有鉴别、反馈与调节功能。通过对教学效果进行评价,可以了解教学各方面的情况,从而判断教学质量和水平、成效与缺陷。全面而客观的教学评价不仅能较准确地估计学生在多大程度上达成了预期的教学目标,而且能解释学习不及预期的原因。教学评价可以了解教师教学的效果和水平、优点、缺点、矛盾和问题,以便对教师教学进行考察和鉴别。[①] 很显然,当教师的教学行为无法实现教而让学引发真实学习时,这样的教学行为应该被鉴别,并敦促教师转变教学理念,及时调整自己的教学工作,改进教学行为。学生通过教学评价鉴别,获得反馈信息,能加深对自己当前学习状况的了解,确定适合自己的学习目标,从而调整自己的学习。

① 郭友,杨善禄,白蓝.教师教学技能[M].北京:首都师范大学出版社,1993:248.

（三）教学评价激励功能

教学评价可以调动教师教学工作的积极性,激发学生学习的动力,维持教学过程中师生适度的紧张状态,可以促使教师和学生集中注意力。不难理解,如果教师的教学行为没有给予学生学习的时空,没有为学生真实学习的发生提供条件、创造机会,学生的学业势必难以获得进步。尤其是注重让学生通过学科学习获得正确价值观、关键能力和必备品格的今天,在注重培育核心素养的时代,教师的教学行为是否符合时代需要、是否实现了教而让学引发真实学习,是不难作出判断的。对学生提出的问题给予及时、适切的评价,鼓励学生踊跃回答问题、主动发现问题、积极分析问题和解决问题,这不仅有助于实现教而让学,也有助于激发学生的学习热情,鼓励学生自主学习、合作学习、探究学习,从而引发真实学习,最终形成良好的学习习惯,取得良好的教学效果。

需要说明的是,无论是对教师的教学评价还是对学生的评价,都既包含外部评价(来自行为主体之外),也包括自我评价(来自行为主体自身)。这种来自不同行为主体的评价都具有积极意义。正是在这个意义上,如果教师的教学活动能够较好地实现教而让学引发真实学习,对于教与学双方来说都可能产生积极作用,这样的教学活动无疑是值得肯定的。

（四）基于学科核心素养的教学评价

当前,教学评价已被视为学校教学活动不可或缺的一个重要环节。《课程标准》提出了考试评价建议,"根据完成任务的表现评价学科核心素养发展水平"。① 最新颁布的《义务教育道德与法治课程标准(2022 年版)》提出,"要充分发挥评价的诊断、激励和改善功能,促进学生发展和改进教师教学",坚持素养导向、坚持以评促学、坚持以评促教、重视表现性评价、坚持多主体评价。② 事实上,新课改重视教学评价,归根到底是为了促进

---

① 中华人民共和国教育部.普通高中思想政治课程标准(2017 年版 2020 年修订)[S].北京:人民教育出版社,2020: 49.
② 中华人民共和国教育部.义务教育道德与法治课程标准(2022 年版)[S].北京: 北京师范大学出版社,2022: 49－50.

教师转变教学方式、学生转变学习方式,促进学科核心素养的培育。而促进学生转变学习方式的一个重要途径是教师给予学生学习的机会,引发真实学习。

在新课改理念的指导下,思政学科强调要实现知识和技能,方法与过程,情感、态度、价值观的有机整合,培育学科核心素养。因此,教师对课堂问题设计的评价也应自觉地包含对新课改教学目标实现程度的考量。按照这样的评价要求,长期坚持实践,有助于教师加强对学科新课改教学目标的实现方式的自我调整,而且这种不断地自我调整也有助于促进教师个体教学能力的不断提高,包括教师引发真实学习的能力提升。

第二节　提升评价能力的途径与策略

教学评价本质上是一种价值判断活动,需要教师具备相应的能力。比如,问题驱动教学模式对教师教学评价能力就提出了新的要求。传统的教学评价方式更多地倾向于以预定的知识、技能的目标是否达成作为主要甚至是唯一的评价标准。这种单一的评价标准在问题驱动教学模式的运用中是需要避免的。这需要教师在运用问题驱动教学模式时,具备多元的评价意识、评价能力,具备教学活动引发真实学习的强烈意识。这样的要求并不低,是思政课教师必须具备的素质。

一、提高过程性评价能力

过程性评价教学是相对于阶段性评价教学、终结性评价教学等传统教学评价教学模式而言的,"过程"重视的是全面、整体的延伸、提高,强调的是教与学结合的全部过程,是学生自主学习、教师课堂教学的全部过程。[①]

---

① 温斌.过程性评价教学改革过程中关于教师教学评价体系建构的思考[J].课程教育研究,2018(5).

思政课教学过程性评价是一种在思政课程实施过程中对学生的学习活动过程表现进行评价的方式,其注重过程评价的价值取向,强调学生的主体参与,倡导将过程性评价贯穿思政课程学习活动的始终。思政课程学习档案袋评价、教师对学习者课内外学习表现评价、学习者自我评价、课堂学习中来自同学的评价,都可作为过程性评价的基本方式。思政课教师不断提高过程性评价能力,将创造学习条件、提供学习机会作为教学的重要考量,通过过程性评价实现教而让学引发真实学习才有可能。

二、提高终结性评价能力

(一)考试评价情境创设:实现教而让学引发真实学习的一个重要维度

新课改背景下,为对高中学生的思想政治学科核心素养发展水平进行有效的考试评价,《课程标准》提出,在命题中要"注重情境对展示学科核心素养发展水平的价值。考查学生的核心素养发展水平,需要以具体的真实情境作为执行特定任务和运用学科内容的背景与依托"。① 显然,这里的"情境"是指考试评价情境(如无特别说明,本文提及的评价情境均指"考试评价情境"。有学者称之为"试题情境""命题情境"和"问题情境"等)。新课改背景下,对包括学科教研员与广大一线教师在内的肩负考试评价任务者的一个基本要求就是对评价情境有较充分的理性认识。不仅如此,创设良好的评价情境,也已成为这些肩负考试评价任务者需要尽快掌握的一项必备技能。我们知道,考试评价的维度很多,比如,评价学科核心素养就包括评价情境维度、学科内容维度、学科任务维度和关键行为表现维度。这里仅从评价情境这一维度,从内涵、缘起、创设实践与启示的视角,对用于考查高中思想政治学科核心素养的评价情境创设展开初步探讨,以期为以情境为载体的考试评价和基于情境的教与学提供一些参考。

---

① 中华人民共和国教育部.普通高中思想政治课程标准(2017年版2020年修订)[S].北京:人民教育出版社,2020:49.

1. 高中思想政治学科评价情境的内涵：以情境认知与学习理论为视角

从情境认知与学习理论的角度来看，这里的若干条件实际上是个体在开展学习或从事社会实践活动时所依存的社会环境。根据情境认知与学习理论，任何学习和实践活动都发生和完成于特定的情境之中。毫无疑问，这种用以考查学生核心素养发展水平的、具体的真实情境，即评价情境，是执行特定任务和运用学科内容的背景与依托，是考查学生学科核心素养的载体。尽管评价情境与教学情境都是"情境"，但两者并不相同。李晓东教授那里，教学提出情境是教师在教学过程中创设的环境、氛围等的统称；命题情境是命题者在试题中创设的环境、氛围、场景等的统称；教学情境主要立足于"未学"，是以"如何培育核心素养"的方式落实于教学之中，而命题情境主要立足于"已学"，是以"核心素养培育得如何"的方式落实于评价之中。①

2. 高中思政课创设评价情境缘起：以国际和我国教育评价趋势与发展为视角

（1）创设评价情境是顺应国际教育评价改革趋势的生动体现

我们知道，在相当长的一段时期内，以知识立意和能力立意的考试评价占据了主导地位，但自 20 世纪 90 年代以来，情境认知与学习理论逐步兴起，并成为学习理论领域研究的主流。受情境认知与学习理论的深刻影响，在情境中进行考试评价已经成为国际教育评价改革的一个重要趋势。不仅如此，"未来教育测量将更加充分地利用复杂的问题作为测验题。为什么？因为一个学科中具有熟练水平特征的活动通常包含拓展性问题解决情境"。② 既然任何学习和实践活动都发生在特定的情境之中，那么，作为对学习活动成效进行测评的考试评价也应该在情境中完成。我国教育评价顺应时代发展潮流，将创设情境作为重要的教育理念吸收到学科核心素养考试评价之中，体现出一种科学的求实态度。

---

① 李晓东.教学情境与命题情境的区分及其意义——基于《普通高中思想政治课程标准》的文本分析[J].中国考试，2020(1).
② Randy E. Bennett. 教育测量的未来趋势[J].教育测量与评价，2019(3).

（2）创设评价情境是回应时代赋予教育评价重大责任和使命的客观要求

2019年6月，国务院办公厅印发《关于新时代推进普通高中育人方式改革的指导意见》提出，创新试题形式，加强情境设计，注重联系社会生活实际。时隔一年后的2020年10月，中共中央、国务院印发《深化新时代教育评价改革总体方案》。应该说，创设评价情境是建立科学的教育评价的时代要求。

（3）创设评价情境是实施基于标准的考试评价的应然之举

作为对基于经验等考试评价的巨大超越，基于标准的考试评价正受到越来越多的关注。对于高中思想政治学科来说，考查学生的学科核心素养发展水平需要创设有效的政治试题情境。毋庸置疑，这是基于《课程标准》的考试评价改革应该坚持的方向。"试题情境是用于引导问题、刺激应试者作答反应和完成特定任务的背景与依托，是测试和反映应试者思想政治学科素养的载体。为有效测试思想政治学科素养，必须构建良好的问题情境。"[1]

（4）创设评价情境是发挥考试评价导向作用的重要选择

《课程标准》在"教学与评价建议"部分提出，"优化案例，采用情境创设的综合性教学形式"，"应力求凭借相关情境的创设，提供综合的视点，提升综合能力"。[2] 不必讳言，在考试继续肩负着选拔功能的当下，考试评价的指挥棒作用依然显著。评价情境的设置显然有助于主动发挥考试评价引领教学的作用，用考试评价来正向引领新课改背景下的教学转变，促进学科核心素养的培育。如果在考试评价中不对情境设置给予积极、热烈的回应，"优化案例，采用情境创设的综合性教学形式"促进学科核心素养的培育也许就不能切实落地。考试评价正向引领新课改背景下的

---

① 胡传勇，巫阳朔.基于高考评价体系的思想政治科考试内容改革实施路径[J].中国考试,2019(12).
② 中华人民共和国教育部.普通高中思想政治课程标准(2017年版2020年修订)[S].北京：人民教育出版社,2020：46.

教学转变,才可能促使考改、课改双方有机联动,同向而行。

(二)高中思政学科创设评价情境实践:以学科核心素养考查的维度为视角

《课程标准》提出的思想政治学业水平考试命题框架显示,考查学生核心素养的真实发展水平,要以学科任务为导向,从评价情境、学科内容、学科任务和关键行为表现四个维度来进行。我认为,这四个维度是用来考查学生核心素养真实发展水平的有机统一的整体,提出了考查学生核心素养真实发展水平的具体要求。结合情境来源,从评价情境与其他三个维度的关系综合考虑评价情境创设,不失为理解和创设政治试题评价情境的一个值得一试的切入点。图 5 为在评价情境创设中,其分别与情境来源、学科内容、学科任务和关键行为表现的关系。

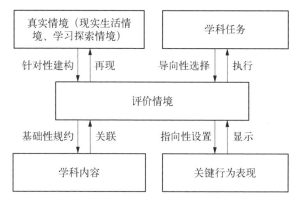

**图 5　评价情境分别与情境来源、学科内容、
学科任务、关键行为表现的关系**

以下仅从考查学生核心素养的真实发展水平的评价情境、学科内容、学科任务和关键行为表现这四个维度,结合 2021 年上海市普通高中思想政治学业水平等级性考试,试卷中一道关于"脱贫攻坚战"的试题(以下简称"脱贫攻坚战试题"),简要阐述对如何创设政治试题情境的粗浅看法。

脱贫攻坚战中,党中央做出战略部署,领导各选派驻村工作队,进入脱贫攻坚主战场,发挥其战斗堡垒作用;同时各企业党组织指派各选派驻村工作队,在党员中选取一名第一书记,其余党员干部作为队员,带领贫困村民脱贫;党员干部为贫困村民指明了方向,同甘共苦。

第一书记	驻村工作队	党员干部
25.5万个	12.8万个	300多万名

(1)上述材料从一个侧面充分证明了:党的领导是脱贫攻坚的组织保证。请运用党的组织领导相关知识点分析说明这一结论。

(2)党中央作出重要部署:打赢脱贫攻坚战后,要注意巩固脱贫攻坚成果,同时加大创新手段,集聚重大力量,推动乡村振兴。结合材料,运用"量变和质变"的辩证统一分析说明党作出该部署的理由。

1. 创设真实的试题情境

创设真实而富有意义的评价情境具有重要价值。就考试评价角度而言,强调真实,主要是因为"只有具有真实性、典型性、新颖性、丰富性等特点的良好的问题情境,才能够有效承载思想政治学科的考查目标与要求"。[①] 换言之,学生只有置身于这些"良好的问题情境",即身临其境时,在面对这些"良好的问题情境"中的情境问题时,才能积极主动甚至创造性地回答这些问题,"愿意或必须真实地表现自己的素养发展水平",从而实现真实而有效的学习。

需要指出的是,这里所说的"真实的评价情境",并不是说"只能将那些实际发生过的具体事件原封不动地拿来作为命题材料,它强调的是命题所使用的情境应该与社会现实生活相联系,并具有足够的可信性"。[②]《中国高考评价说明》中把这类与日常生活以及生产实践密切相关的情境称为"生活实践情境"。显然,上述"脱贫攻坚战试题"情境源于真实的生活。需要指出的是,尽管在命题时,我们应根据考查的需要,注

---

① 陈友芳,巫阳朔.高考评价体系下高中思想政治课教学的变革[J].教学月刊·中学版(政治教学),2020(Z2).
② 李晓东.教学情境与命题情境的区分及其意义——基于《普通高中思想政治课程标准》的文本分析[J].中国考试,2020(1).

重选择生产生活中的真实案例来设置试题情境,但我们同样不应忽视的是,事实上,还有一类情境,这类情境源于真实的研究过程或实际的探索过程,涵盖学习探索与科学探究过程中所涉及的问题。这类情境也属于真实的情境,《中国高考评价说明》将其称为"学习探索情境"。

2. 创设与学科任务相联系的试题情境

我们知道,创设评价情境必须与学科任务相关联。就思想政治学科而言,我们知道,描述与分类、解释与论证、预测与选择、辨析与评价等是基本的学科任务类别,可以作为设计不同类型试题的参考。不难看出,在上述"脱贫攻坚战试题"这一评价情境中的两个问题,其解题就涉及描述、论证、辨析与评价等学科任务。

3. 创设与学科内容相关联的试题情境

众所周知,思想政治学科核心素养就是看学生能否运用学科内容应对各种复杂社会生活情境的问题和挑战。具体的问题情境如果不能与学科内容相关联,考试评价的学科属性就将无从体现。在上述"脱贫攻坚战试题"这一评价情境中,运用到党的组织领导相关知识、"量变和质变"的辩证统一相关知识,这些都是高中思想政治学科重要的学科内容。

4. 创设能够考查出关键行为表现的评价情境

学生的关键行为表现是在学科任务完成过程中展现出来的。在考查中,学生在命题者所创设的政治学科考试评价情境中完成描述与分类、解释与论证、预测与选择、辨析与评价等学科任务的外显特征就是其关键行为表现。一般来说,在真实的考试评价情境中,学生运用所学知识,将学科任务完成得越好,其关键行为表现越突出,则表明其学科核心素养越高。

在上述"脱贫攻坚战试题"这一评价情境中,在第一个问题的应答中,学生如果能够根据试题要求运用所学学科知识,运用党的组织领导相关知识,分析领导各选派驻村工作队加强党的组织领导,推动村党组织提高工作能力,增强基层党组织战斗堡垒作用,全面落实党的脱贫攻坚政策,自觉接受和执行党的路线方针政策,为打赢脱贫攻坚战提供了坚强的组织保证,能外显政治认同等学科核心素养,其关键行为表现就是优秀的。在第二个问题的应答中,学生如果能运用"量变和质变"的辩证统一的学科知识,分析得出任何事物的发展都是量变和质变的统一,由量变到质变,又由质变开始新的量变,如此循环往复,使事物不断由低级阶段发展到高级阶段;在党中央领导下打赢脱贫攻坚战,这是一次量变到质变的过程,以脱贫攻坚的胜利成果为基础,全面推进乡村振兴,是由质变开始新的量变;量变是质变的必要准备,质变是量变的必然结果,持续巩固拓展脱贫攻坚成果,以有效防止返贫,避免产生反向的量的积累,实现脱贫攻坚与乡村振兴的有效衔接;以更有利的举措,汇聚更强大的力量,是为了增强正向的量的积累,实现乡村振兴这一新的质变。学生在这一试题回答中能外显科学精神等学科核心素养,其关键行为表现也是优秀的。

我们以评价情境为中心任务,结合情境来源探讨其与学科内容、学科任务和关键行为表现的关系,归根结底是为了通过创设良好的评价情境,来有效考查学生学科核心素养的真实发展水平。

(三)高中思政学科评价情境创设的启示:以基于情境的考、教与学为视角

本次课程改革中一个令人瞩目和值得赞赏的方面是,改革中对传统教学理念辩证的扬弃,"随着素质教育的深入人心,情境教学获得了教育学界和心理学界的广泛认可,越来越多的处于教学第一线的教师成为情境教学的实践者"①。"这为我们理解情境教学产生的积极作用具有非常重要的参考价值。本轮课程改革也积极肯定了这种努力的价值,并将其作为落实核心素养培育的重要手段和方式。"②

应该说,从考试评价方式来看,高中思想政治学科评价情境创设是"新与旧的统一"。"新"是指基于情境认知和学习理论,在学科核心素养培育与测试的视域开展的考试评价,这是对单纯以知识立意或单纯能力

---

① 林崇德,罗良.情境教学的心理学诠释:评李吉林教育思想[J].教育研究,2007(2).
② 李晓东.教学情境与命题情境的区分及其意义——基于《普通高中思想政治课程标准》的文本分析[J].中国考试,2020(1).

立意的考试评价的否定,哪怕这样的评价立意也伴随有情境试题的出现;"旧"是指早在 2017 年版《课程标准》出台前,教学与考试评价都已有情境的存在,分别为教学情境、试题情境等。在这个意义上,重视评价情境的创设,不是一种全新的考试评价建构,而是基于学科核心素养测评,把情境作为测评背景和依托的考试评价方式的创造性建设,为新时期考试评价注入了新的科学元素,赋予其鲜活的生命力,这是对情境教学乃至既有情境评价产生的积极作用的肯定。

1. 对考试评价的启示

就考试评价而言,评价情境创设要站在有效考查学科核心素养的角度,研究如何围绕评价情境、学科任务、学科内容和关键行为表现四个维度,在进行学科任务导向型的学业水平考试命题时,创设良好的考试评价情境,考查学生核心素养的真实发展水平。

2. 对基于情境教学的启示

基于学科核心素养培育与测评的考试评价情境创设,要求我们的教学要坚持基于情境的教学。如果我们不能走出知识立意或能力立意的教学窠臼,显然就是远远落后于时代要求的;如果我们已经具备了一定的基于情境教学的基础,但固守原有的认知,不愿去积极接纳新事物,造成固步自封、止步不前,也是不行的。我们必须更新理念,认识到基于情境的教学给我们带来的挑战。值得强调的是,思想政治课教学要改变注重培养学生做题能力的倾向,突出做事能力的培养。"基于做题能力的教学,具有情境不真实(或者情境缺失)、任务不真实的特点,而做事能力的培养则强调在真实情境中完成真实的学科任务,从而促进学生未来的继续学习与终身发展。"[①]

3. 对学习的启示

作为学习者,我们应关注实际生活,因为真实的考试评价情境源于真实的生活,与学生的生活实际相关联,或者与真实的研究过程或实际的探

---

① 陈友芳,巫阳朔.高考评价体系下高中思想政治课教学的变革[J].教学月刊·中学版(政治教学),2020(Z2).

索过程相联系。同时，要对知识的学习有正确的认识。没有掌握扎实的知识尤其是必备知识，必然无法应对相关测评；但只进行机械的知识记忆势必无法适应基于情境创设的考试评价要求。评价情境的创设要求考生具备迁移知识的能力、在问题情境中分析问题和解决问题的能力。一场考试有时其"情境涉及政治、经济、文化、社会、生态、自然与科技等不同领域，情境素材内容丰富，有助于更多地调动考生的生活经验及学科知识，并提高思考问题和解决问题的能力，避免考生在比较熟悉的情境中，凭借记忆完成任务要求，从而避免在学习过程中死记硬背、生搬硬套"。[①]

第三节　提高命题能力促进教而让学引发真实学习

一、提高命题能力是促进教而让学引发真实学习的内在要求

引起真实学习的发生离不开学科教师一定的专业水平。提高高中思政课教师命题能力，是时代的要求，是促进学科教师专业发展从而引起真实学习发生的需要。

（一）提高命题能力满足教学中因学施测，从而引发真实学习的需要

1. 日常教学有效检测的需要难以满足

日常教学中必要的考试对于促进学生加强对教学内容的理解与运用、检测教学效果、发现问题、改善教学等的作用不容低估。然而，一线教师时常面临本校教学实际与所使用试卷不相适应的情况。教师手中要么缺少质量较高、适合使用的试卷，要么已有的试卷其难度高于或低于本校学生的学习水平，或者缺少与即时教学相匹配的试题，造成考试检测的诸多不便。但由于长期以来高中思政课教师普遍缺乏足够的命题能力，一

① 刘媛.基于思想政治学科核心素养的高考试题研究与教学建议[J].中国考试,2017(4).

些高中思政课教师感到命题尤其是命制原创性试题是一件较为困难的事。从单元检测到学期的期中、期末检测，不少教师使用的检测卷中的试题是几年前甚至更久远的一些陈旧题目。教师看起来手中似乎并不缺少试卷，但真正能够适应教师个性化教学、满足有效检测需要、引发真实学习的试题往往并不多，造成有效检测、反馈、激励等考试功能的发挥受限。

现实中，我们不难发现，不少试卷难以达到培育学科核心素养的要求，也难以正确引领教与学。比如，在考查有关"产业结构与劳动就业的关系"时，如果教师只能命制出——请简要回答"产业结构与劳动就业的关系"——这样没有任何特定情境的题目，那么体现的只能是对知识的简单考查。这造成的弊端至少有两个方面：一方面，学生只要将教材知识简单机械地照搬到试卷上，就可以得到一个好分数。大量类似试题的出现，显然无法引导学生培养运用学科知识观察问题、分析问题和解决问题的能力，无法有效引导学生培养学科核心素养。另一方面，当学生较好地回答了教师考查的"产业结构与劳动就业的关系"时，教师极有可能认为自己的课堂教学是有效的、成功的，而不能及时发现自己教学观念的陈旧从而及时调整课堂教学行为。

2. 具备一定水准的学科试题需满足基本的命题要求

我们认为，达到基本命题要求乃至具备一定水准的试题无疑涉及命题依据、命题技术和试题特征等。比如，在命题依据上，就考查的内容而言，应该是《课程标准》规定的知识以及《课程标准》规定的认知要求。对于一线教师来说，一份考试卷上出现的认知要求既要符合本阶段教学的基本要求，也要符合本校学生的学习实际。在命题技术上，一份高质量的考试卷上的试题一定不能是杂乱无章、随意出现的，试题应体现教学的整体性；对于高中政治学科来说，试题素材既要符合学生的认知特征，又要具有鲜明的时代特征；试题设计的问题应具有任务性和可探究性，要有助于引发真实学习。在试题特征上，问题应直接指向知识点所蕴含的问题，问题涉及的知识点要适量，并且要具有高度相关性。试卷的信度、区分度、自治性、效度、稳定性、教育性，与其他学科试卷的关系等，都是教师自主进行试卷命制时需要加以考量的。然而,由于普遍缺乏足够的命题能力,当前高中政治教师自主命制的试题往往质量良莠不齐,甚至不少试题与上述要求相距甚远,质量低下。

3. 高中思政课教师提高命题能力,满足引发真实学习需要

尽管高中政治教师们要达到一定的学科命题水平并不容易,但对于肩负重任的高中思政课教师们来说,学习、理解和掌握一定的命题专业知识与技能十分有必要。为此,学校或者区域可以开展对诸如"学生学能测试的理论与技术",包括"教育统计、测量与评价",甚至是"PISA 测试的理念与技术"等的学习与研究,以命题专业知识促进高中思政课教师提高命题能力。当教师具备了相对较高的命题能力时,则可以较为准确地对一些试题进行甄别和筛选,合理地对一些试题进行改编,甚至可以命制一些原创性试题,使这些试题能够有效地服务于自己的教学,以使检测能更好地贴近教学实际,引发真实学习。以专业知识引领高中思政课教师提高命题能力,通过专家引领、同伴互助和自我发展等,对于促进学科试题符合基本的命题要求、满足教师日常教学因学施测、引发真实学习的需要无疑是有益的。

二、提高命题能力促进教、学、评有机衔接

(一)科学的考试评价对教与学的导向作用不容忽视

毋庸讳言,在考试仍然存在其特定价值的时代,课程改革理念的实现与考试密不可分。具体到当前的一线教学实践,我们必须注意到课堂教学是贯彻新课改理念的主阵地。无论多么好的课程体系建构,也无论多么好的课程设置,离开教师的准确把握和忠实执行,都将无法发挥课程设计的最大功效。各类考试对教师的课堂教学行为产生的影响无疑不容低估。通过组织科学的考试,对测试结果所反映的学生掌握学科知识及其具备的学科能力水平状况进行分析和判断,对有针对性地改进教师的课堂教学将产生很大的指导作用。对于高中思想政治学科来说也是如此。可以这样说,在强调贯彻新课改理念的时代背景下,科学的考试其最重要

的导向应该直指学科核心素养培育的有效性上。事实上,这样的考试与分析、判断所起的作用已不仅仅体现在对教师课堂教学行为进行引导乃至矫正上,也体现在对学生的学习行为进行引导乃至矫正上这样的考试才有助于切实贯彻新课改理念。

(二) 践行《课程标准》,以教、学、评衔接引发真实学习

《课程标准》提出,要"更加强调提高学生综合运用知识解决实际问题的能力","促进教、学、考有机衔接"。① 按照《课程标准》的要求,如果将考查有关"具体问题具体分析"的任务命制成如下的题目,比让学生直接回答"具体问题具体分析"是什么,其考试评价的效果将有显著的不同。

中国是一个发展中大国,选择什么样的政治发展道路关乎国家前途,关乎人民命运。实行人民代表大会制度,是中国共产党领导中国人民深刻总结近代以来中国政治生活惨痛教训得出的基本结论,是符合我国国情的政治制度。

从具体问题具体分析的角度,综合运用学科内容谈谈对"人民代表大会制度是符合我国国情的政治制度"的理解。

本题的答题思路为:

矛盾具有普遍性。选择什么样的政治发展道路("建立什么样的政治制度")是一个具有普遍性的问题。

矛盾具有特殊性。一个国家实现什么样的政治制度、走什么样的政治发展道路,必须与这个国家的国情与性质相适应。(具体问题具体分析,要在矛盾普遍性原理的指导下,具体分析矛盾的特殊性,并找到解决矛盾的正确方法。)君主立宪制、议会制、多党制、总统制并不适合中国的国情,中国对此所作的尝试都以失败告终;中国共产党领导中国人民深刻总结近代以来中国政治生活惨痛教训,根据我国国情和实际,找到了正确的政治道路,建立了人民代表大会制度。这一政治制度保证了亿万中国

① 中华人民共和国教育部.普通高中思想政治课程标准(2017年版2020年修订)[S].北京:人民教育出版社,2020:5.

人民真正成为国家、社会和自己命运的主人。我们绝不能照搬西方政治制度的模式。

这样的试题命制在具体的真实情境中有效地考查了学生对"具体问题具体分析"的理解,有效地考查了学生运用学科知识观察问题、分析问题与解决问题的能力,这样的考试评价将有助于促进真实学习的发生,引导学生培养相关能力、培育学科核心素养。事实上,以专业知识引领高中思政课教师提高命题能力也将促进教师更好地研究课程标准、落实课程标准、研究教材等,及时更新自己的教学观念,调整自己的课堂教学行为,从而不断提高教学水平和教学实效,引发真实学习,促进发展学生思想政治学科核心素养目标的实现,促进学业质量转化为具体的教学要求,体现教学与评价的一致性。

三、提高高中思政课教师命题能力是引发真实学习的重要途径

(一)学科命题与引发真实学习存在着内在关联

我们知道,时至今日,认为政治学科的考试就是考查背诵者仍不乏其人,这鲜明地反映了一度以考查知识识记为主的学科考试给人留下的深刻的时代印记。这样的学习可能无需多么深入就可以达到相应的分数目标,但势必难以引起真实学习的发生。毫无疑问,学科价值的实现与考试积极功能的有效发挥,离不开正确的考试导向。就当前的教育综合改革来说,科学的考试命题对于引导社会正确对待学生的学业水平、关注学生的全面发展更具时代意义。就高中思想政治学科而言,学科内容也只有与具体的问题情境相融合,才能体现出它的素养意义,反映学生真实的价值观念、品格和能力。① 在我看来,与其说这是《课程标准》的规定,毋宁说是促进真实学习的发生,促进学科价值实现的本质要求,是全社会对高中政治学科考试随着时代的发展更为科学地发挥其特定功能的殷殷

① 中华人民共和国教育部.普通高中思想政治课程标准(2017 年版 2020 年修订)[S].北京:人民教育出版社,2020:49.

期待。

比如,以下"积极应对人口老龄化的上海行动"主题化评价体现了学科内容与具体问题情境的融合。

积极应对人口老龄化的上海行动

面对近年来人口老龄化程度加深的现实问题,我国实施积极应对人口老龄化国家战略,发展养老事业和养老产业,推动实现全体老年人享有基本养老服务,全力守护最美"夕阳红"。2022年9月,上海市卫生健康委员会同相关部门制定的《上海市健康老龄化行动方案(2022—2025年)》提出了28条发展意见,包括强化基本医疗保障支持,提升区域医养结合服务能级,提升长期照护服务能力,推进智慧健康为党服务等。

1. 上海积极开展应对人口老龄化的上海行动,依靠人民,造福人民。这体现了"人民城市人民建,＿＿＿＿＿＿＿＿＿"的城市建设理念。(回答:人民城市为人民)

2. 智能设备的出现便利了人们的日常生活。然而,不少老年人因为不会上网、不会使用智能设备,无法享受智能化服务带来的便利。因此,多元主体都要积极承担帮助老年人使用智能设备这份社会责任,同步推进技术赋能与人文关怀。写出以下积极承担帮助老年人使用智能设备,同步推进技术赋能与人文关怀这份社会责任的3个主体的作为。

老年人家人:＿＿＿＿＿＿＿＿＿＿＿＿＿＿＿＿＿

老年人所在社区:＿＿＿＿＿＿＿＿＿＿＿＿＿＿

志愿者:＿＿＿＿＿＿＿＿＿＿＿＿＿＿＿＿＿＿

本题可作如下思考:

老年人家人:关爱老人,帮助老人学习使用智能设备。老年人所在社区:居委会发挥基层群众自治组织功能,组织培训;通过调研,了解老年人对数字平台、智能设备使用的不适体验,征集有关改进建议,并及时反馈至相关企业或部门。志愿者:志愿者在服务社会中促进人生价值的实现,到各"微站点"指导老年人使用智能设备。

3. 实现上海健康老龄化需要建立政府主导、全社会参与的健康老龄化多元化筹资投资机制,发挥彩票公益金、慈善捐助等多元资金渠道的作用,引导各类社会资本投入健康老龄化事业。实现上海健康老龄化需要充分发挥市场调节的作用,但是市场调节不是万能的,还需要更好地发挥政府的作用。为引导各类社会资本投入健康老龄化事业,促进实现健康老龄化,从政府角度,列举两条可行性政策或举措。

本题可作如下思考:

政府可以通过实施积极的财政政策,减税、增加财政补贴;政府实施稳健的货币政策,降低利率;政府行使职能,规范市场秩序,保障公平竞争,弥补市场缺陷;政府行使职能,加强和优化促进健康老龄化的公共服务;等等。

(二) 应基于《课程标准》试题命制导向对引发真实学习价值实现的探索

如果我们的考试能有效地践行考查"学生能否运用学科内容应对各种复杂社会生活情境的问题和挑战"这一《课程标准》规定的评价要求,对重复机械的大规模训练所产生的所谓"能力"加以甄别,更好地发挥考试引导教学从注重知识记忆走向更加注重学科核心素养培育的作用,引发真实学习、促进教与学的良性发展,这对促进学科价值的实现其意义是不言而喻的。然而,实现这一目标并不容易。比如,同样是对有关"自然人的民事行为能力"与"家长对未成年子女应承担的法律责任"知识的考查,如果只是要求考生对知识作出简单再现或直接要求回答"自然人的民事行为能力"与"家长对未成年子女应承担的法律责任"的内容,并把能够较好地完成这样的任务视为对这一内容教与学最终的成功的话,不仅不符合《课程标准》关于评价的导向与要求,也势必难以引发真实学习。我们可设置以下评价情境,并设计相关问题。

设置评价情境一:

2020年,小孙15岁(在校生,未以自己的劳动收入作为主要生活来源),随母亲张某生活。当年5月,母亲在整理衣物时意外发现了橱柜中的一台售价5 999元的iPhone11手机。经询问,小孙承认当年2月自己受广告推送、周边同学影响,加上疫情期间线上学习的需求,背着母亲在某购物平台上下单购买了该手机。发现后的第一时间,张某多次电话联系该购物平台客服,申明是孩子未经家长允许自行网购手机,要求作退货退款处理。客服称手机并不存在质量问题,不同意退款。因协商无果,小孙遂诉至法院,请求法院判决确认小孙与该购物平台之间关于购买iPhone11 手机的网络购物合同无效,并退还购机款。

设计问题一:

诉讼结果是,法院判决原告小孙与被告某购物平台签订的关于iPhone11 手机的网络购物合同无效。从"自然人的民事行为能力"角度,简述其判决的理由。

本题可作如下思考:

我国民法典规定,8 周岁以上的未成年人属于限制民事行为能力人。小孙年仅 15 岁,作为未成年人,单独购买高档手机的行为与其年龄和智力水平都不相称,因此,其与被告某购物平台签订的关于 iPhone11 手机的网络购物合同无效。

设置评价情境二:

法院还判决被告某购物平台于本判决生效之日起五日内向原告小孙退还货款 4 200 元(小孙隐瞒母亲私自取用家中现金购买手机,张某作为监护人对其监管存在疏忽,小孙及其监护人应当对案涉手机价值贬损部分承担主要责任);原告小孙于收到前述货款次日向被告某购物平台返还iPhone11 手机。

设计问题二:

结合本案例简要回答家长对未成年子女应承担的法律责任。

本题可作如下思考:

父母对子女有教育义务(对子女的行为进行必要的约束和引导);父母必须履行对未成年子女的监护职责,未成年子女造成他人损害的,父母应当依法承担民事责任。从本案来看,家长应帮助与引导未成年人树立正确消费观念,对未成年人日常消费进行了解与约束。发生了本案中出现的私自购买高档物品行为造成商品损失的,虽然合同无效,商品可以退回,但仍应承担相应过错责任。

(三) 提高高中政治教师命题水平,实现教而让学引发真实学习的重要途径

若考试能更好地引导教学从注重记忆知识走向更加注重能力的考查,注重良好的情感、态度、价值观的形成,对于引导教师和学生跳出题海,从而减轻教师的教学压力和学生的学业负担的意义将是不言而喻的。同时,也将促进区域直至省市高中思想政治学科教学的改进,转而注重引发学生真实学习。比如,对人民民主专政的本质相关知识的考查,如果只是要求考生对知识作简单再现或直接要求回答人民民主专政的本质的内容,这势必会引导学生去死记硬背所谓的"知识点",而不能基于真实学习准确运用学科知识辩证地分析问题。以下这道题的命制,则较好地体现了对运用有关人民民主专政的本质知识分析问题、解决问题能力的考查,也是对学习活动是否真实发生的一种检验。

设置评价情境:

党的二十大报告指出,从现在起,中国共产党的中心任务就是团结带领全国各族人民全面建成社会主义现代化强国、实现第二个百年奋斗目标,以中国式现代化全面推进中华民族伟大复兴。党的二十大报告同时指出,我们要健全人民当家作主制度体系,加强人民当家作主制度保障。

设计问题:

小孙同学认为,保障人民当家作主必将对完成党的中心任务产生积极的促进作用。结合材料,从人民民主专政的本质角度,简要评析小孙同学观点的合理性。

本题可作如下思考:

我国是工人阶级领导的、以工农联盟为基础的人民民主专政的社会主义国家。(国家一切权力属于人民)全面建成社会主义现代化强国、实现第二个百年奋斗目标,以中国式现代化全面推进中华民族伟大复兴是亿万人民的事业。人民民主专政的本质是人民当家作主。保证人民当家

作主,必须充分发扬社会主义民主。只有保证人民依法享有广泛的权力和自由,尊重和保障人权,才能调动亿万人民群众投身全面建成社会主义现代化强国、实现第二个百年奋斗目标,以中国式现代化全面推进中华民族伟大复兴的积极性、主动性、创造性。

应该说,这样的回答,不仅充分考查了考生对有关人民民主专政的本质知识的掌握程度,也考查了考生运用相关知识分析问题、解决问题的能力,有利于有效引发真实学习。

又比如,同样是对生产方式变化推动消费观念更新和社会主义市场经济的道德建设相关知识的考查,如果只是要求考生对知识作出简单再现或直接要求回答"生产方式变化推动消费观念更新""社会主义市场经济的道德建设是什么",这势必会引导学生去死记硬背所谓的"知识点",而不能基于真实学习准确运用学科知识辩证地分析问题。以下这道题的命制,则更多地体现了对分析问题、解决问题等能力的考查,也是对学习活动是否真实发生的一种检验。

设置评价情境:

自 2018 年 11 月首届长三角国际文化产业博览会(以下简称"长三角文博会")在上海成功举办后,近年来,文旅融合作为长三角文博会重点内容,备受瞩目。

这里有诗意,也有远方

文化产业和旅游产业都是大众喜闻乐见、参与度高的幸福产业,在文化和旅游领域激发消费潜力,是民之所盼。走进第二届长三角文博会,人们会立刻感受到长三角文旅创新融合的温度,感受到发生在消费者身边的真实场景,讲述着长三角文旅消费市场不断形成新需求、释放新体验等精彩故事。

从沪苏浙皖联手打造的这场文旅盛筵中,随着消费者的核心诉求正在从美丽风景转向美好生活,以数据技术为支撑,基于"旅游+"的融合创新等,催生了一批匹配乃至引领消费需求的新兴企业。新消费背后,还有相关保障。2019 年 5 月,长三角地区三省一市文化和旅游部门在沪签署了《长三角文化和旅游高质量发展战略合作框架协议》。

文化与旅游的结合，让文化可以更好地走向"远方"，让旅游也更有"诗意"。"文旅融合"成为长三角区域经济增长的新动力。

设计问题：

结合材料，从生产方式变化推动消费观念更新与我国政府行使经济职能、发挥政府作用角度论述：文旅融合成为长三角区域经济增长新动力的原因。

要求：

（1）运用相关知识概括"文旅融合成为长三角区域经济增长新动力"的两个原因，联系论题，形成总论点；

（2）理论论证中论题、总论点、分论点内在逻辑一致，论述逻辑较准确、连贯、完整；

（3）概括地引用"这里有诗意，也有远方"故事进行事实论证，以充分支持分论点；

（4）准确使用思想政治学科术语；

（5）建议论述篇幅限制在 400 字左右。

本题可作如下思考：

文旅融合推动了消费观念更新，满足了人们精神生活的需求，促进了经济发展；我国政府积极行使经济职能，发挥政府作用，通过实施产业政策、区域政策和环境政策，加强市场监管，促使文旅融合成为长三角区域经济增长的新动力。

文旅融合推动消费观念更新，满足了人们精神生活的需求，促进了经济发展，使之成为长三角区域经济增长的新动力。生产方式变化推动消费观念更新。目前，在人均收入水平迈入休闲度假旅游的消费阶段（在已拥有一定的物质基础的阶段），文旅融合适应了人们追求美好生活的愿望，满足了人们精神生活的需求，拉动了相关消费，促进了经济发展。文化产业和旅游产业都是大众喜闻乐见、参与度高的幸福产业，在文化和旅游领域激发消费潜力，是民之所盼。适应消费者核心诉求从美丽风景转向美好生活,文旅融合创新为市场提供了多元优质、品牌荟萃的文化和旅游产品,不断满足消费者对精神产品的需求,为经济发展带来新动能。公开数据显示,沪苏浙皖旅游收入总和占到全国旅游总收入的一半以上。

政府积极行使经济职能,通过实施产业政策、区域政策和环境政策,加强市场监管,促使文旅融合成为长三角区域经济增长的新动力。政府通过实施产业政策,促进产业结构不断优化升级,增强国民经济竞争力;通过实施区域政策和环境政策,推动区域协调发展和可持续发展;通过加强市场监管,规范市场秩序,保障公平竞争,弥补市场缺陷,为长三角地区营造良好的文旅市场发展环境,推动了文旅市场发展,促进文旅融合成为长三角区域经济增长的新动力。比如,长三角三省一市共同构建文化和旅游合作协调机制,形成了开放的大市场;发布统一的旅游诚信"红黑名单"标准及奖惩措施,加强道德建设,引导企业树立诚实守信的良好形象,为经济增长打造良好的营商环境和消费环境,保障市场作用的发挥,促进资源在开放的大市场上实现优化配置,促进文旅融合成为长三角区域经济增长的新动力。

附　录

一则教研故事：
问渠那得清如许，为有源头活水来

一、教研背景与情境

回顾我的教研员生涯，曾因教研主题的确定未能紧贴一线教师的认知实际，从而造成了教研活动中教师消极参与、沉闷不语、无感而发情况的发生。这引起了我的不安，并促使我开展了反思。在其后的教研活动中，我开始注意较多地了解教师关于相关教研主题的认知实际，在开展教研活动中，既注意必须完成教研员整体思考、统筹安排下确立的教研主题，又注意贴近教师对相关主题的认知现状，教研活动的效果有了显著的提升。

我曾将"发挥教师主导作用，体现学生学习主体地位"确定为区域高中思政学科学年教研主题(学年教研主题主要是指一学年中一个统一的主题，除了其他需要及时开展研究的教研主题，学年教研主题是当年教学研究的重点)。当我经过比较仔细的思考，确立了这一教研主题后，自己的感觉是比较好的。因为这个主题我关注得比较多，对教学中教师主导作用的发挥、学生学习主体地位的体现的重要性有较深的体认。结合日常的观察、听课和质量检测等，我认识到，在一定程度上，教师主导作用发挥得越好，学生学习主体地位体现得越鲜明，教师的教学成效就越好。应该说，确定这样的教研主题是有一定的价值的。我在教研通知中要求每位参加教研活动的高中思政课教师都做好发言准备,届时积极参与主题研讨。然而,教研效果却出乎我的意料。

二、问题与解决过程

当我怀着较高的期待开展现场教研时,我的期待遭受了"打击"。研讨会上,教师参与并不积极,现场气氛沉闷。多数教师需要教研员点名指定才发言,不少发言属于无感而发,是应付式的。有教师结合字面意思浅显地谈了关于教师和学生在教学中各自作用的看法,提出教师要发挥应有的作用,学生要主动学习,减少学习上的被动。应该说,这样的看法虽然有道理,但就本次教研活动而言并无新意,也未能真正触及本次教研的主题。看着普遍工作态度认真、具有良好师德的教师们在"发挥教师主导作用,体现学生学习主体地位"这一主题教研活动中的现场表现,我很清晰地感觉到自己在确定这一教研主题时所思所想是不够细致、全面和深入的。一时间,丝丝自责之情竟情不自禁地涌上心头。教研活动结束后,我回顾并不热烈的教研现场,审视自以为颇有价值的教研主题,一时并不能充分理解其中的原因。

在随后进行的电话访谈、面对面交流,带着问题再次深入课堂听课、观察之后,我逐渐了解到:基于我个人经验确定的这一教研主题并非没有价值,而是没有有效结合教师对这一主题的认知状况恰当开展教研活动。因为在开展这一主题教研之前,我区未开展过类似的主题研讨,一方面,教师对这一主题的内涵尚缺较深刻的认识;另一方面,教师对于这一主题在教学实践中的表现缺乏基本认知。换言之,教师并不清楚什么样的教学行为属于"发挥了教师主导作用,体现了学生学习主体地位"。教研现实告诉我:我的这一教研主题的确定尽管切合教学实际,但因为教师认知问题,缺少相应的铺垫,因而在开展的主题教研中难以取得良好的效果。

经历教研"遇冷",在通过多种方式了解了教师的思想实际和认知现状后,我试着在这一教研主题下,在再一次组织教研活动研讨之前,先请教师们结合自己的教学实践,思考以下三个问题:(1)结合教研员创设的具体情境(给出的具体教学案例)思考:一个勤奋的教师,用了较多的教学时间,为什么学生成绩提高不明显甚至没有提高? 而同样的生源,另一位教师用了相对较少的时间却能帮助学生较为显著地提高成绩。(2)一名优秀的教师在课堂教学中究竟应该承担什么角色?(3)就学习成效而言,你眼中优秀的学生究竟应该是怎样的? 在不久后组织的教研活动中,教师们畅所欲言,有感而发,气氛热烈。更为重要也更为有意思的是,有教师主动结合上一次"发挥教师主导作用,体现学生学习主体地位"的教研主题,很好地阐释了自己的看法,得到了在场的教师们较高的认同。

在本次研讨中,一些教师主动谈到在教学实践中,自己对何为教师主导作用,何为学生学习主体地位缺乏认知,或者认为教师主导作用主要就是体现在教师自己讲得多、本学科拥有的课时多、给学生布置的学习任务多。一些教师认为,本学科拥有的课时越多,自己讲得越多,训练得越多,学生的成绩就好。毋庸讳言,有时在一个较短的时期内,有这样观念和教学行为的教师确实收获了短暂的成就感。但随着时间的推移,学生学业水平提高不再明显,有时在原地踏步甚至因逆水行舟而出现倒退。究其原因,除了教师的教学长期停留在同一个能力层次上反复操练等原因以外,学生因处于学习被动地位,没有学会学习、思考,被动接受机械的训练,也是一个不容忽视的因素。在这样的教学状态中,教师有效引导学生学习的重要作用未能充分发挥,学生作为学习的主人的重要地位未能得到相应的体现。

很显然,教师讲解得多并不表明其主导作用发挥得恰当与充分,学生接受训练多同样并不意味着学习主体地位体现得越充分。尽管在本次教研中,教师们没有对教师主导作用、学生学习主体地位的概念与内涵等作较为系统、严格的描述,但他们却在积极的探讨中达成了上述一些重要共识。这一气氛热烈的研讨情况同样出乎我的意料。因为我个人觉得,需要在进行两三次相关题材研讨之后,开展"发挥教师主导作用,体现学生学习主体地位"的教研主题的有效研讨才有可能出现。而事实上这一设想不期而至,提前到来,令我惊喜有加。

三、总结提炼

仔细想来,通过个别交流、集中座谈、问卷调查等方式,根据教研员的整体思考、统筹安排,深入了解一线教师关于教育教学的所思所想,提炼出既有时效性又贴近教师思想实际,为他们所理解的教研主题,才可能使教研活动走进教师的内心世界,引发教师的共鸣。时光荏苒,尽管已时隔近五年,但在今天看来,那次确定教研主题的经历给我留下的印象仍非常深刻,犹如就发生在昨天。

"问渠那得清如许,为有源头活水来。"朱熹的这两句诗恰当地诠释了我关于教研主题确定的一段心路历程。教研实践启发我:只有始终汲取教育教学的源头活水,才能使教研主题的确定紧贴一线教师的教学实际,也才能使教学研究常研常新,促进教育教学质量的提高。

参考文献

[1] F. Marton, R. Säljö, On Qualitative Difference in Learning: I—Outcome and Process [J]. *British Journal of Educational Psychology*, 1976(1).

[2] [苏] B.A.苏霍姆林斯基.给教师的建议[M].杜殿坤编译.北京: 教育科学出版社,1981.

[3] [苏] 赞科夫.教学与发展[M].北京: 人民教育出版社,1985.

[4] 孟宪承编.中国古代教育文选[M].北京: 人民教育出版社,1985.

[5] [美] 约翰·布鲁贝克.高等教育哲学[M].王承绪,郑继伟,孙维平译.杭州: 浙江教育出版社,1987.

[6] [德] 哈贝马斯.认识与兴趣[M].郭宫义,李黎译.上海: 上海学林出版社,1990.

[7] 李吉林.情境教学的理论依据[J].人民教育,1991(5).

[8] 赵祥麟.外国教育家评传(第1卷)[M].上海: 上海教育出版社,1992.

[9] 郭友,杨善禄,白蓝.教师教学技能[M].北京: 首都师范大学出版社,1993.

[10] 周力.对发挥学生学习主体作用的思考[J].松辽学刊(社会科学版),1993(3).

[11] [美] D. P. 奥苏伯尔等.教育心理学——认知观点[M].北京: 人民教育出版社,1994.

[12] 马克思恩格斯选集(第1卷)[M].北京: 人民出版社,1995.

[13] 姚本先.论学生问题意识的培养[J].教育研究,1995(10).

[14] 李惠云.遵循"四多"原则 创设学习情境[J].辽宁教育,1998(10).

[15] Jw, P., Jd, B., Ms, D. *How People Learn: Bridging Researchand Practice*[M]. Washington,DC: National Academy of Sciences,1999.

[16] 胡兴松.思想政治课教学方法续论——情境教学法(二)[J].中学政治教学参考,1999(9).

［17］李吉林等.李吉林小学语文"情境教学——情境教育"［M］.济南：山东教育
出版社,2000.

［18］［美］小威廉姆·E. 多尔.后现代课程观［M］.北京：北京教育科学出版
社,2000.

［19］陈厚德.基础教育新概念：有效教学［M］.北京：教育科学出版社,2000.

［20］田本娜.外国教学思想史［M］.北京：人民教育出版社,2001.

［21］刘儒德.问题式学习：一条集中体现建构主义思想的教学改革思路［J］.教育
理论与实践,2001(5).

［22］崔允漷.有效教学：理念与策略(上)［J］.人民教育,2001(6).

［23］孔企平.论学习方式的转变［J］.全球教育展望,2001(8).

［24］［美］戴维·H. 乔纳森.学习环境的理论基础［M］.郑太年,任友群译.上海：
华东师范大学出版社,2002.

［25］［美］罗伯特·索拉索.21 世纪的心理科学与脑科学——心理学译丛［M］.北
京：北京大学出版社,2002.

［26］钟启泉,安桂清.研究性学习理论基础［M］.上海：上海教育出版社,2003.

［27］檀传宝.学校道德教育原理［M］.北京：教育科学出版社,2003.

［28］［德］海德格尔.人,诗意地安居：海德格尔语要［M］.郜元宝译.上海：上海
远东出版社,2004.

［29］张玉民,范天成.教师创设教学情境能力的培养与训练［M］.长春：东北师范
大学出版社,2004.

［30］张玉民.新课程教师组织合作学习和创设教学情境能力培养与训练［M］.北
京：人民教育出版社,2004.

［31］程书肖.教育评价方法技术［M］.北京：北京师范大学出版社,2004.

［32］曹荣誉.教学互动：支持因素与实施策略［J］.临沂师范学院学报,2004(4).

［33］Peggy A.Ertmer, Timothy J.Newby,盛群力.行为主义、认知主义和建构主义
(下)——从教学设计视角比较其关键特征［J］.电化教育研究,2004(4).

［34］姚利民.有效教学涵义初探［J］.现代大学教育,2004(5).

［35］姚利民.国外有效教学研究述评［J］.外国中小学教育,2005 (8).

［36］顾明远.教是为了让学生学——谈学习和智慧［J］.教书育人,2005(Z1).

［37］刘桂芹.语文互动教学模式的理论基础［J］.山东商业职业技术学院学报,
2005(2).

［38］王文静.情境认知与学习理论：对建构主义的发展［J］.全球教育展

望,2005(4).

[39] 何玲,黎加厚.促进学生深度学习[J].现代教学,2005(5).

[40] 杨骞.校本研究:认识及策略[J].中国教育学刊,2005(7).

[41] 刘佳利,党晶.浅论新课改背景下的情境教学——基于李吉林情境教育思想[J].辽宁教育,2005(8).

[42] 孟庆男.当代教学理论:概念、问题与原理[M].长春:东北师范大学出版社,2006.

[43] 徐江.话题:走向有效教学之一 改造解读思维:从无效到有效[J].人民教育,2006(6).

[44] 余文森.课堂教学有效性的探索[J].教育评论,2006(6).

[45] 贾友林,张齐华.少些"追风",多些思辨[J].人民教育,2006(8).

[46] 吴小鸥.教学场论[M].长沙:湖南师范大学出版社,2007.

[47] 喻平,唐剑岚.个体认识论的研究现状与展望[J].心理科学进展,2007(3).

[48] 余德祥.政治课堂教学中无效、低效现象的成因与对策[J].宁波教育学院学报,2007(5).

[49] 孙泽文.互动教学:理论基础、实施原则和相关策略[J].内蒙古师范学院学报(教育科学版),2007(10).

[50] 林崇德,罗良.情境教学的心理学诠释:评李吉林教育思想[J].教育研究,2007(2).

[51] 赵健,郑太年,任友群,裴新宁.学习科学研究之发展综述[J].开放教育研究,2007(4).

[52] 高芹.建构主义知识观及其对传统教学的反思[J].文教资料,2008(12).

[53] 孙泽文,孙文娟.互动教学的历史演进与当代研究述评[J].中小学教师培训,2008(12).

[54] 于发友.教师专业发展的五大趋势[J].教育理论与实践,2008(3).

[55] 刘炜,林文娟.试论社会建构主义视角下的任务型教学[J].咸宁师范学院,2009(10).

[56] 王得众.中学历史课堂教学低效行为的归因及对策[J].长三角·教育,2009(11).

[57] 谢辛玉.浅谈提高思政课课堂教学实效性的策略[J].中学教学参考,2009(9).

[58] [美]约翰·杜威.我们如何思维[M].伍中友译.北京:新华出版社,2010.

[59] 刘文晖.高职思政课自主互动型教学模式的理论基础探析[J].佳木斯教育学

院学报,2010(3).

［60］范蔚,叶波.20世纪90年代以来"有效教学"研究述评[J].重庆大学学报(社会科学),2010(4).

［61］庞维国.论学习方式[J].课程·教材·教法,2010(5).

［62］从修利.新课程理念下中学教师行为的转变[J].新校园,2010(6).

［63］刘义,高芳.情境认知学习理论与情境认知教学模式简析[J].教育探索,2010(6).

［64］许崇文."有效教学"的理念与实施策略[J].当代教育科学,2011(4).

［65］王珍.试论情景教学法在高校思想政治理论课中的应用[J].河南教育(中旬),2011(12).

［66］徐永生.中学思想政治课教学低效原因分析及对策[J].学校党建与思想教育,2011(30).

［67］周成海.基于行为主义学习理论的教学:主要特征与信念基础[J].教育理论与实践,2011(32).

［68］郑太年.真实学习:意义、特征、挑战与设计[J].远程教育杂志,2011(2).

［69］刘岩,杜武勋.PBL教学法及其在中医内科学教学中的应用探讨[J].河北中医,2012(2).

［70］余文森.有效教学三大内涵及其意义[J].中国教育学刊,2012(5).

［71］朱立元.美学大辞典(修订本)[M].上海:上海辞书出版社,2014.

［72］［加］马克斯·范梅南.教学机智——教育智慧的意蕴[M].李树英译.北京:教育科学出版社,2014.

［73］张亚星,胡咏梅.国外有效教学研究回顾及启示[J].课程·教材·教法,2014(12).

［74］白小林.浅谈有效教学情境的创设[J].中学课程辅导·教师教育(上、下),2014(14).

［75］陈军宁.让学生成为学习的主人[J].陕西教育(教学版),2014(4).

［76］张玉胜,王天桥,王维江.影响思想政治理论课课堂教学有效性的因素分析[J].贵州师范学院学报,2014(7).

［77］［美］约翰·杜威.经验与自然[M].傅统先译.北京:商务印书馆,2015.

［78］田慧生.落实立德树人根本任务　全面深化课程教学改革[J].课程·教材·教法,2015(1).

［79］卢志辉.学生学习方式的转变[J].教师,2015(15).

［80］叶俊杰.数学课堂"让学"策略初探[J].小学教学参考,2015(8).

［81］李茵,黄蕴智."教比学更难"——我们该如何理解教学［J］.北京大学教育评论,2015(4).

［82］秦书珩.把握学生的认知起点——高中思想政治《人的认识从何而来》教学辑录［J］.现代教学,2015(Z3).

［83］姜伟杰.商务英语教学理论研究［M］.长春:吉林大学出版社,2016.

［84］陈友芳,朱明光.核心素养本位的思想政治学科学业质量评价的策略与指标［J］.中国考试,2016(10).

［85］梁威,李小红,卢立涛.新时期我国基础教育教学研究制度:作用、挑战及展望［J］.课程·教材·教法,2016(2).

［86］刘晓琳,黄荣怀.从知识走向智慧:真实学习视域中的智慧教育［J］.中国电化教育,2016(3).

［87］康淑敏.基于学科素养培育的深度学习研究［J］.教育研究,2016(7).

［88］陈友芳.情境设计能力与学科核心素养的养成［J］.思想政治课教学,2016(9).

［89］余文森.核心素养导向的课堂教学［M］.上海:上海教育出版社,2017.

［90］林志芳.以学定教找准学生的认知起点［J］.山西教育(教学),2017(1).

［91］李达.让学引思:构建自主课堂的价值辨思［J］.教师教育论坛,2017(12).

［92］蒋国生.试论思想品德课堂学生学习方式的转变策略［J］.教师教育论坛,2017(2).

［93］郭元祥.论深度教学:源起、基础与理念［J］.教育研究与实验,2017(3).

［94］刘媛.基于思想政治学科核心素养的高考试题研究与教学建议［J］.中国考试,2017(4).

［95］张亚星.自主·合作·探究:学生学习方式的转变［J］.华东师范大学学报:教育科学版,2018(1).

［96］毕建华.议题式教学促进深度学习［J］.思想政治课教学,2018(10).

［97］张亚娟.建构主义教学理论综述［J］.教育现代化,2018(12).

［98］李晓东,张璇,刘宇思.新课程标准背景下政治学科能力框架改进研究［J］.教育参考,2018(2).

［99］温斌.过程性评价教学改革过程中关于教师教学评价体系建构的思考［J］.课程教育研究,2018(5).

［100］李寒梅.走向深度教学:高校思想政治理论课教学改革的必由之路［J］.思想理论教育导刊,2018(6).

[101] 顾俊琪.让学引思：区域推进课堂教学改革的新探索[J].江苏教育研究，2018(Z1).

[102] 傅彩虹.真实学习,让学生真正成为学习的主人[J].四川教育,2019(22).

[103] 胡传勇,巫阳朔.基于高考评价体系的思想政治科考试内容改革实施路径[J].中国考试,2019(12).

[104] 郭华.深度学习与课堂教学改进[J].基础教育课程,2019(2).

[105] 靳小响.行为主义学习理论对语言教学的影响文献综述[J].现代交际,2019(20).

[106] [美] Randy E. Bennett. 教育测量的未来趋势 [J].教育测量与评价,2019(3).

[107] 何丽华.发挥学生学习主体作用 培养学生的创造精神[J].师道：教研,2019(4).

[108] 邱凤英.基于学生立场,让学习过程真正发生——以人教版一下《100以内数的认识》为例[J].新课程(小学),2019(7).

[109] 李晓东.议题式教学设计与实施中的几个关键问题[J].教学月刊·中学版(政治教学),2019(Z1).

[110] 上海市教育委员会教学研究室.案例锚定主题(中学卷)[M].上海：上海教育出版社,2020.

[111] 中华人民共和国教育部.普通高中思想政治课程标准(2017年版2020年修订)[S].北京：人民教育出版社,2020.

[112] 黄玲贞.议题式教学：促进深度学习的实践路径[J].中学教学参考,2020(25).

[113] 吴冬冬.优化情境让学习真正发生[J].基础教育研究,2020(1).

[114] 严奕峰,李祺.情境的哲学意蕴：源自杜威的阐释[J].教育研究与评论,2020(1).

[115] 李晓东.教学情境与命题情境的区分及其意义——基于《普通高中思想政治课程标准》的文本分析[J].中国考试,2020(1).

[116] National Research Council. *Education for life and work: Developing transferable knowledge and skills in the 21st century* [M].Washington, DC：The National Academies Press, 2012.

[117] 李敏.深度学习究竟"深"在何处？——兼论超越知识立场[J].基础教育,2020(1).

[118] 崔允漷."在线"易,"在学"难,动机是关键[J].教育科学,2020(3).

[119] 董雅华.思想政治理论课教学坚持主导性与主体性相统一论析[J].思想理论教育,2020(3).

[120] 吴敏.把握学生的认知起点[J].湖南教育(C版),2020(4).

[121] 乔晖,顾俊琪."让学引思":区域富有活力的教学形态探索[J].教育发展研究,2020(18).

[122] 沈雪春.试论思政课议题式教学的基本特征[J].教学月刊·中学版(政治教学),2020(6).

[123] 陈安然.课堂教学方式的转变与学生关键能力的提升——以《林教头风雪山神庙》的备教为例[J].语文教学与研究,2020(7).

[124] 陈友芳,巫阳朔.高考评价体系下高中思想政治课教学的变革[J].教学月刊·中学版(政治教学),2020(Z2).

[125] 尚俊杰,李军,吴颖惠.提升教师学习科学素养　促进课堂教学深层变革[J].中小学信息技术教育,2021(1).

[126] 荀强.思想政治课议题式教学"三法"[J].教学与管理,2021(12).

[127] 张要武,郑宝晋,曲维国.坚持价值性和知识性相统一,探究思政课教学方式的转变——以2020年天津市普通高中学业水平等级性考试思想政治卷为例[J].考试研究,2021(2).

[128] 刘月霞.指向"深度学习"的教学改进:让学习真实发生[J].中小学管理,2021(5).

[129] 冯旭洋.语文课堂教学的困惑与出路——源自语文教育家的启示[J].沈阳师范大学学报(社会科学版),2012(6).

[130] 余文森.育人方式变革的四个体现[J].基础教育课程,2021(Z1).

[131] 中华人民共和国教育部.义务教育课程标准(2022年版)[S].北京:人民教育出版社,2022.

[132] 周增为.重视教师专业的更高规范——简论师德的专业内涵与道德自觉[J].人民教育,2022(1).

[133] 杨明全,赵瑶.美国:构建基于课堂观察的教学评价系统[J].教育家,2022(44).

[134] 蔡文伯,刘俊丽.教学满意度:教师教学行为与学生学习行为哪个影响更大?——基于4 585位大学生调查的实证分析[J].高教探索,2022(5).

[135] 李玉明.教育情境与教育叙事情境的逻辑关系[J].教学与管理,2022(21).

［136］李泽建.高中思想政治课课堂教学低效现象分析［J］.科教文汇(下旬刊)，2020(27).

［137］李宝敏,宫玲玲,张士兰.中小学教师学习力测评工具开发与验证研究［C］.上海教师,上海：上海教育出版社,2021.

后 记

　　无论是作为一名高中思政课教师，还是作为一名思政学科教研员，当我越来越意识到有必要思考课堂教学为什么教、教什么、怎样教以及教得怎么样等问题时，这几个问题带给我的触动也越来越深刻。应该说，任何一个有教学理想与追求的思政课教师，都希望自己的课堂能紧紧地吸引住学生的注意力，希望每一位学生在课堂上自始至终都能围绕学习任务开展学习，有条不紊、井然有序，所有的学生都能够学有所得、学有所获；希望自己上的每一节课都是成功的课堂。但现实的课堂教学情况却并非经常如此。

　　成功的课堂究竟是什么样的？对这个问题的看法或许仁者见仁、智者见智。但成功的课堂应是高效的课堂，是能够真正有助于培育学科核心素养的课堂，这是毫无疑问的。而能够真正有助于培育学科核心素养的高效课堂离不开真实学习的发生。

　　成功的课堂离不开教师认真备课，精心设计教学环节，甚至对自己在课堂上要说的每一句话、什么时候说哪一句话都要作精心安排。但这样的课真的都能成为一节好课吗？如果课堂上缺少有效的教学互动，或者即使有教学互动，但教师所提问题或教学任务设计并无多少思维含量，学生对教师所提问题的回答或任务的完成无需加以思索甚至是深入的思考，他们的回答几乎没有任何错误；如果教师并未从根本上转变教学方式，因而也并未引起学生学习方式的根本转变等，我们可能不禁要思考：在这样的课堂上，学生的学习行为真实地发生了吗？

教学理论与实践表明：并非所有的课堂教学都能引起真实学习的发生。这其中的一个重要原因在于：教未能让学。那么，怎么能实现"教而让学引发真实学习"呢？本书虽然对此作了一些探讨，我想依然还不够。由于认识与水平所限，我的一些探讨不免流于肤浅，因而这一主题也值得我继续进行相应的研究，以期能有更多的收获。尽管实现这一愿望并不容易，但我愿意继续为此作出一些努力。对一些有一定探讨价值的教学、教研主题作较为深入的探索，助力思政课教学有效性的提高，凸显思政课的独特课程价值，是我们的一份责任。

图书在版编目（CIP）数据

教而让学引发真实学习：一位高中思政课教师的教
学追求 / 郑涛著. — 上海：上海教育出版社，2023.8
ISBN 978-7-5720-2184-8

Ⅰ.①教… Ⅱ.①郑… Ⅲ.①思想政治教育 – 教学研
究 – 高中 Ⅳ.①G631

中国国家版本馆CIP数据核字(2023)第154205号

责任编辑　戴燕玲
封面设计　蒋　妤

教而让学引发真实学习：一位高中思政课教师的教学追求
郑　涛　著

出版发行　上海教育出版社有限公司
官　　网　www.seph.com.cn
地　　址　上海市闵行区号景路159弄C座
邮　　编　201101
印　　刷　上海普顺印刷包装有限公司
开　　本　700×1000　1/16　印张 12.25
字　　数　177 千字
版　　次　2023年8月第1版
印　　次　2023年8月第1次印刷
书　　号　ISBN 978-7-5720-2184-8/G·1948
定　　价　68.00 元

如发现质量问题，读者可向本社调换　电话：021-64373213